IVRE DE VIVRE
AVEC
LÂCHER PRISE

INTRODUCTION

Cher lecteur, tu viens d'ouvrir à l'instant ce livre. Je ne connais pas tes intentions, motivations ou curiosités qui t'ont guidées à faire cette action, et je ne sais pas non plus qui tu es.

Dans ma Vie j'ai rencontré beaucoup de gens au sourire moqueur voir cynique lorsqu'on leur parlait d'Amour, de Tolérance, de Pardon, de Mort, de Défi, de Bien Être, de Joie, de Fidélité, etc.

Et...si... tu te retrouves dans ce groupe de gens où ces mots te fâchent, ou bien sont vides et dénués de sens, ce livre n'est peut-être pas pour Toi.

Et...si... tu connais quelqu'un qui vit dans un combat contre lui-même et la vie, dans la dépendance et la souffrance, ... alors fais-lui cadeau de ce livre.

Et...si...tu es prêt à vivre une aventure, une ouverture, une découverte de Soi, une guérison, une transformation en voulant appliquer le « LACHER-PRISE », afin de rendre ta VIE plus simple, plus agréable, plus confortable et plus libre, je t'invite à continuer de tourner les pages de ce livre pour fabriquer tes clés.

Le SAVOIR est un POUVOIR qui vient de ton intérieur, Laisse la VIE t'apporter la VIE. Et oui !! Et le lâcher prise est un état dans lequel tu t'installes, tu te poses, et ce où que tu sois et quoique tu fasses. Dans cet état de Bien Être tu vas te permettre d'être le libre observateur, de ce qui ce passe en Toi, pour mieux comprendre ce qui se joue autour de Toi.

PRESENTATION DES AUTEURS

Zofia MILKO GAUDON

Née en Lituanie en 1956, elle a grandi en Pologne. Après avoir été diplômée de pédagogie et psychologie à l'université de Wroclaw (Pologne), elle arrive en France en 1981.

Fascinée par la langue française et le développement personnel, elle se forme aux thérapies brèves et à l'hypnose éricksonienne au Centre Européen de Formation aux Thérapies de la Communication, et ouvre son cabinet de Thérapeute pour se mettre au service des autres.

Jean Philippe MURARD

Né en 1960 à Roanne en France, il suit des études techniques au sein de l'industrie de l'armement.

Après avoir exercé différentes fonctions de cadre dans tous les domaines de l'ingénierie des systèmes d'armes et de leur industrialisation, il décide en 2011 de démissionner de son poste pour se mettre au service du bien être des autres.

Il suit une formation diplômante en Thérapies de la Communication, qui lui permettra d'ouvrir son cabinet de Thérapeute en 2012.

REMERCIEMENTS

Merci à nos parents, nos conjoints, merci à nos enfants de nous avoir fait grandir et d'avoir accepté nos absences de la maison.

Nous remercions bien sûr celles et ceux qui ont contribué à la réalisation et la mise en œuvre de ce 1er livre : « Klervi, Maryline, Tom et Emile ».

Merci à chaque personne qui, en poussant la porte de notre cabinet, nous a enrichi de ses expériences et de son histoire.

Merci à tous ceux qui nous ont fait grandir dans le Monde de Thérapie : formateurs, auteurs, conférenciers.

Merci à la VIE.

Zofia et Jean Philippe

SOMMAIRE

Prends ton temps...

Respire ...

ET maintenant ferme tes yeux ...

Respire...

Ouvre tes yeux ...

Respire...

Pour voir ta VIE encore plus claire
...

Ferme tes yeux...

Respire...

Pense à TOI, à ta VIE !!!

CHAPITRE 1

LÂCHER PRISE EN TROIS ETAPES

Penser,

Parler,

Oser Agir...

C'est une expression en vogue que vous avez déjà certainement lue ou entendue quelque part.

On l'utilise à tout-va, pour un évènement dont on n'a plus le contrôle et auquel on nous conseillera de « lâcher prise » alors qu'on s'évertuait à vouloir le modifier.

Ce peut être aussi à l'inverse pour une action que nous ne parvenons pas à décider. Nous avons tous des craintes qui nous retiennent d'entreprendre et nous empêchent d'avancer comme nous le souhaiterions.

Moi-même, par exemple, j'ai longtemps hésité avant de me lancer dans l'enregistrement filmé des Ateliers du Bien-Etre sur la chaîne YouTube. J'étais pétrie de peurs et de doutes. Je craignais :

- De ne pas arriver à faire ces vidéos.
- Que l'on n'aime pas mon accent.
- Que l'on me critique négativement.
- D'être comparée à d'autres intervenants qui auraient traité de ce thème devant la caméra...

Jusqu'au jour où je me suis dit : « lâche prise ». Car, à bien y réfléchir, mon accent prononcé ne m'empêche pas d'exercer dans mon cabinet et n'entrave en rien les hypnoses que je mène sur mes patients. Et quid du jugement des autres quand je sais que mon propos est pertinent et qu'il véhicule un message salvateur pour qui voudra bien le recevoir ?

Les commentaires péjoratifs existeront toujours, à nous de les filtrer mentalement pour n'en retenir que les arguments les plus constructifs qui nous permettront de nous améliorer ensuite.

A posteriori, je m'aperçois que les remarques que j'ai reçues sur Internet émanent en majorité de patients que j'ai reçus dans mon cabinet, satisfaits du travail que l'on a mené ensemble. Non seulement, mon accent n'a pas été un obstacle comme je le redoutais mais qui plus est, j'ai été gratifiée d'échos bienveillants, de remerciements chaleureux, de marques de confiance qui m'encouragent vivement à poursuivre la médiatisation de mes ateliers et me confortent dans le choix que j'ai fait de lâcher prise.

Ainsi, je vous propose dans ce chapitre d'apprendre vous aussi à effectuer ce relâchement crucial pour votre bien-être. Je vous expliquerai d'abord en quoi consiste le processus du lâcher prise, quelles étapes permettent sa réussite et je vous enseignerai enfin ma méthode simple et efficace pour y parvenir.

Le lâcher-prise en image

Imaginez tenir entre vos mains cette corde dont le bout vous relie à une autre personne. Vous tirez cette corde à vous pour lui intimer votre volonté. Vous avez vos croyances, vos opinions, vos convictions et vous êtes sûr d'avoir raison, elle doit s'y plier. Mais la personne qui est en face de vous tire aussi sur la corde. Elle vous dit que : « Vous vous trompez, que ce n'est pas comme ça, qu'il vous faut rejoindre son camp ».

Vous insistez pourtant. Vous tirez encore plus fort sur la corde. Votre adversaire tient bon et raffermit davantage sa pression. Vous sentez que la corde vous brûle les paumes et qu'elle commence à vous glisser des doigts. Les muscles de vos bras se paralysent, vous n'avez plus d'énergie, vous vous sentez à bout de forces.

De guerre lasse, vous relâchez votre emprise sur la corde, qui retombe et vous échappe finalement. Que se passe-t-il alors à ce moment-là ? Vous regardez vos mains vides, ces mains qui sont libres de s'ouvrir à la vie, de saisir de nouvelles choses. Vous n'avez que l'embarras du choix et vous pouvez prendre tout ce que vous ne pouviez pas jusqu'à maintenant car vos mains étaient déjà prises.

Respirez un bon coup. Souriez. Vous faites confiance à la vie. Vous prenez tout ce qui est bon pour vous. De l'eau fraîche pour étancher votre soif ? Une serviette en coton pour vous éponger le front ?

En lâchant la corde, vous avez cessé de lutter inutilement. Vous avez dit non aux blessures qu'elle vous infligeait. Vous avez refusé la souffrance. Vous avez choisi la délivrance. Voilà en quoi, de façon imagée, consiste le lâcher-prise.

Voyons maintenant de quelle manière vous pourriez l'appliquer dans votre vie quotidienne.

Lâcher prise, lâcher quoi, qui, où, comment ?

• *Lâcher quoi ?* Le pronom interrogatif « quoi » représente les contraintes qui vous empêchent de vous sentir libre. Il s'agit généralement d'émotions négatives (colère, peur, tristesse, etc.), de pensées fausses qui ficèlent votre nature spontanément joyeuse et détériorent à l'usure votre santé.

• *Lâcher qui ?* Posez-vous cette question en pensant à votre entourage. Il peut s'agir de cette belle-mère que vous trouvez trop envahissante, de cette amie que vous invitez tous les dimanches après-midi sans savoir pourquoi. En l'occurrence, parce que vous ne savez pas leur dire non.

• *Lâcher où ?* L'espace du lâcher-prise n'est pas extérieur mais intérieur. Il est au plus profond de vous. Vous menez cette action en votre for intérieur, dans votre tribunal intime. Lorsqu'une situation vous est inconfortable, vous lâchez prise ici : « non ça ne me convient pas, ce n'est pas bon pour moi ».

• *Lâcher comment ?* En douceur, tout simplement. Exprimez vos sentiments, vos besoins. Dites calmement à votre belle-mère que vous l'estimez mais que vous avez besoin qu'elle téléphone avant de passer vous voir. Dites à votre amie que vous avez une sortie de prévue dimanche prochain, vous vous verrez une autre fois, à une rencontre que vous aurez choisie aussi.

• *Lâcher prise ?* « Prise » est la forme substantivée du verbe prendre. Elle évoque l'action de saisir quelque chose ou quelqu'un mais aussi celle de combattre, notamment dans l'expression « en venir aux prises » ou « être aux prises ». Le « lâcher-prise » prend ici tout son sens et vous invite à cesser une lutte autant obstinée que vaine, à desserrer votre étreinte sur ce qui est susceptible de vous blesser et de nuire parfois gravement à votre santé.

Vous l'aurez compris : en lâchant prise, vous ne faites preuve ni de faiblesse ni d'égoïsme. Vous faites ce qui est bon pour votre santé et garantissez votre équilibre hors des zones de combats.

Vous n'êtes pas contre la maladie, vous êtes pour la santé. Vous voyez la différence de perception ?

LÂCHER PRIS-ON
DANS
LA TETE

Lâcher ou pas ?

Lâcher

Lâcher quoi? qui?

Comment ?

Prison et prise de conscience

Vous savez où se trouve la plus grande prison sur Terre ? Dans notre tête. On s'emprisonne dans les souvenirs d'un temps révolu, dans les croyances des autres, dans les opinions qui ne sont pas les nôtres, dans les films publicitaires qui nous persuadent que le produit qu'ils vendent nous est indispensable, dans certaines dépendances comme l'alcool ou le tabac qui nous procurent un plaisir éphémère, dans la souffrance qui en découle, et tout ça se trouve dans l'espace restreint et limité de notre tête.

Puis, notre corps étant comme un sablier, cela descend jusqu'au disque dur de notre inconscient.

Observez le jeu de mot que l'on peut faire avec cette « prison ». Nous sommes incarcérés dans une « pris-on ».

Encore une fois nous retrouvons la « prise », celle qui nous tient dans le « on » et nous prive de liberté. C'est une prison de lutte avec les autres mais aussi avec nous-même puisque nous nous débattons avec nos émotions négatives : « la culpabilité d'avoir fumé cette cigarette, le désespoir de ne pas poursuivre le sevrage, la peur de tomber malade… », et nous forgeons donc nous-mêmes nos propres barreaux. Lorsque nous décidons de scier ces barreaux, nous faisons ce qu'on appelle une « prise de conscience ».

La conscience, ce sont nos pensées et nos sentiments qui en découlent. Prendre conscience revient alors à s'interroger sur nos pensées par exemple : « je pense que je vais voir ma mère dimanche » et sur les sentiments que cette idée procure en nous par exemple : « une pensée d'obligation désagréable ». Je prends conscience de ce sentiment de mal-être et je me questionne sur son origine :

- Depuis quand je n'éprouve plus de plaisir à aller la voir ?
- Depuis cette dispute qui n'est peut-être pas réglée comme je voulais le croire ?...

Je m'interroge et je reconnais ces réponses aussi dérangeantes soient-elles. Je les accepte.

A votre tour, interrogez-vous.

Pourquoi ne vous arrêtez-vous pas de fumer ? Parce que vous avez peur ? Peur de ne pas y arriver ? Peur du vide qu'il y aura alors sous vos doigts ? Vous vous demandez peut-être ce que vous pourriez bien faire si vous ne fumiez pas ? Eh bien, respirez profondément, inspirez, expirez, c'est gratuit et c'est bon pour la santé. Et ce verre d'alcool, comment le supprimer ? Que pourriez-vous boire à la place le samedi soir ? Eh bien, un jus de fruit.

C'est bon et riche en vitamines.

Relâchez-vous, identifiez vos peurs, acceptez vos peurs et mettez en place des stratégies pour rompre avec vos dépendances néfastes, vos croyances erronées.

Vous souhaitez sortir de votre prison intérieure ? C'est simple. Les clefs sont à l'intérieur de vous, la liberté au bout du lâcher-prise.

Lâcher prise c'est reconnaître, accepter, transformer

Pour bien décortiquer le processus du lâcher prise, je vous propose cette définition tout à fait personnelle « lâcher prise c'est reconnaître, accepter, transformer ».

1) « Recon-être » ou Reconnaître son être

Me reconnaître moi d'abord, qui je suis, me reconnecter à mon être profond et identifier qui sont les autres.

- Quel est cet égo qui m'empêche de relâcher mon étreinte sur la prise ?
- Comment je perçois les autres et leurs interactions avec moi ?

Il s'agit de se regarder et de regarder les autres tels qu'ils sont le plus objectivement possible, sans se voiler la face, sans tricher.

Soyez honnête et lucide : « Est-ce que j'ai tendance à vouloir influencer mon entourage, à les faire obéir à la loi de mon égo » ou au contraire : « Est-ce que je me comporte selon leur volonté sans savoir dire non quand je le voudrais ? »

Je reconnais mes émotions négatives, mes sentiments de jalousie, de colère, d'envie, de regret du passé, de chagrin, de rancœur.

Cela fait mal mais je le reconnais, elles sont bien là. Oui, j'ai éprouvé de l'envie quand mon voisin a acquis une plus belle voiture que la mienne. Oui, j'éprouve de la colère depuis le décès de mon père.

Lâcher prise, c'est aussi arrêter de :

- revivre le passé.
- se culpabiliser sur ce qu'on aurait pu faire ou dû faire.
- se débattre avec tout ce qui existe seulement dans sa tête…

Je suis dans le temps présent, ici et maintenant. J'aurais beau vouloir m'accrocher au passé, regretter l'âge précieux de mon enfance ou la période heureuse de mon mariage, ces pensées nostalgiques n'empêcheront pas mon corps d'être là où ses pieds se trouvent, dans le temps d'aujourd'hui et l'espace qui l'entoure.

Je reconnais donc que j'ai des souvenirs, que me les rappeler me fait parfois du bien, mais que trop regarder en arrière est inutile et que mon regard, ici présent, s'il doit s'orienter, se tournera plutôt vers l'avenir, que je décide maintenant. La reconnaissance est souvent difficile à opérer mais elle est essentielle au démarrage du lâcher-prise.

Je pose souvent cette question aux gens qui viennent à mon cabinet pour arrêter de fumer : « pourquoi fumez-vous ? » Ils me répondent bien souvent « je ne sais pas, je ne me suis jamais posé la question ».

Mais elle est là la clef. Posez-vous la question. Regardez la vérité en face. Sortez la tête du sable. Reconnaissez le mouvement dans lequel vous êtes : « compensation d'un sentiment d'ennui par la prise excessive de nourriture, compensation d'un sentiment d'envie par l'achat compulsif, etc » et la souffrance que vous en éprouvez actuellement.

2) Accepter

Une fois la reconnaissance opérée, le lâcher-prise passe par l'acceptation. J'accepte humblement les défauts et les qualités qui me caractérisent, j'accepte ceux de mon conjoint, de ma belle-mère, de ma voisine... Je ne cherche pas à changer leurs traits de caractère, à me battre pour les plier à ma volonté, je les reçois tels qu'ils sont dans leur entité singulière. J'accepte que mon voisin dispose de moyens financiers plus élevés que les miens. Il a travaillé dur pour cela, il a la carrière qu'il mérite, je me réjouis pour lui mais je me réjouis aussi pour moi car j'aime mon métier et je n'ai peut-être pas besoin de plus.

J'accepte que ma vie se poursuive sans la présence bienveillante de mon père, j'accepte la situation car je ne peux pas la changer. Je suis reconnaissante du temps qui m'a été accordé en sa compagnie, je m'ancre dans le présent et j'aborde ce nouveau cycle de ma vie avec sérénité.

L'être humain a tendance à vouloir tout contrôler, c'est un fait. C'est aussi de l'énergie dépensée en vain. Il ne peut y avoir de prise sur le temps, les aléas du destin, le comportement des gens qui nous entourent. En revanche, on peut accueillir ce qui nous arrive le plus favorablement possible pour retourner la situation à notre avantage. On peut modifier sa perception de l'autre et s'enrichir de sa différence plutôt que de la décrier. On décide alors de s'ouvrir aux autres et de prendre les choses comme elles viennent.

Accepter n'est plus ici subir avec résignation et impuissance. Au contraire, vous élargissez votre champ d'action et entrez dans la phase de transformation.

3) Transformer

Concrètement, plutôt que de fuir une personne qui vous oppresse ou une situation stressante, je vous propose de vous poser les questions suivantes :

- Qu'est-ce que je peux faire pour changer les choses ?
- De quelle manière puis-je accompagner cet évènement préoccupant ou douloureux tout en restant fidèle à moi-même ?
- Comment faire en sorte que ma vie soit plus souple, flexible, agréable ?

Car lâcher prise, c'est aussi tenir ses positions et s'affirmer dans sa plénitude, tendre à l'expression de ses désirs et l'épanouissement de soi. Dire non à la souffrance, oui au plaisir. C'est se référer à cette sagesse ancienne et très profonde que nous avons tous à l'intérieur de nous mais que nous ne maîtrisons pas, cette petite voix intérieure qui nous souffle de nous écouter et de nous défaire de ce que nous ne voulons pas ou plus.

Imaginez ce sac à dos trop lourd qui pèse sur vos épaules, les tiraille et vous fait courber la nuque. Instinctivement, vous le quitteriez et le poseriez à terre. Vous poursuivriez votre chemin sans ce fardeau. Ceci est votre geste instinctif, celui qui préserve votre santé et pourrait-on même dire, si l'on pense à nos ancêtres préhistoriques dont la liberté de mouvement était primordiale, le geste qui garantit votre survie.

Or, votre cerveau va se mettre en ébullition et contrecarrer ce geste instinctif par de multiples pensées.

Ce sac à dos est plein de vieux souvenirs auxquels vous êtes attaché. Comment pourriez-vous vous remémorer le passé sans tous vos albums photos qui s'y trouvent ? Et cette série d'encyclopédies qui a appartenu à votre défunte mère, s'en débarrasser ce serait comme la perdre à nouveau. Alors vous gardez votre sac en essayant différentes positions pour mieux répartir son poids. Vous tâchez de vous en accommoder et progressez laborieusement sur votre chemin.

Lorsque, bientôt ou bien plus tard, vous vous déciderez à abandonner votre sac à dos et à continuer votre route sans sa charge, vous découvrirez, émerveillé, que vous vous sentez plus léger et plus serein.

Vous pourrez alors être fier de vous car vous avez accompli le dernier pas, peut-être le plus difficile, du lâcher-prise : vous avez laissé le passé derrière vous pour redéfinir vos priorités.

Cessez de Vous torturer
Lâchez, Osez

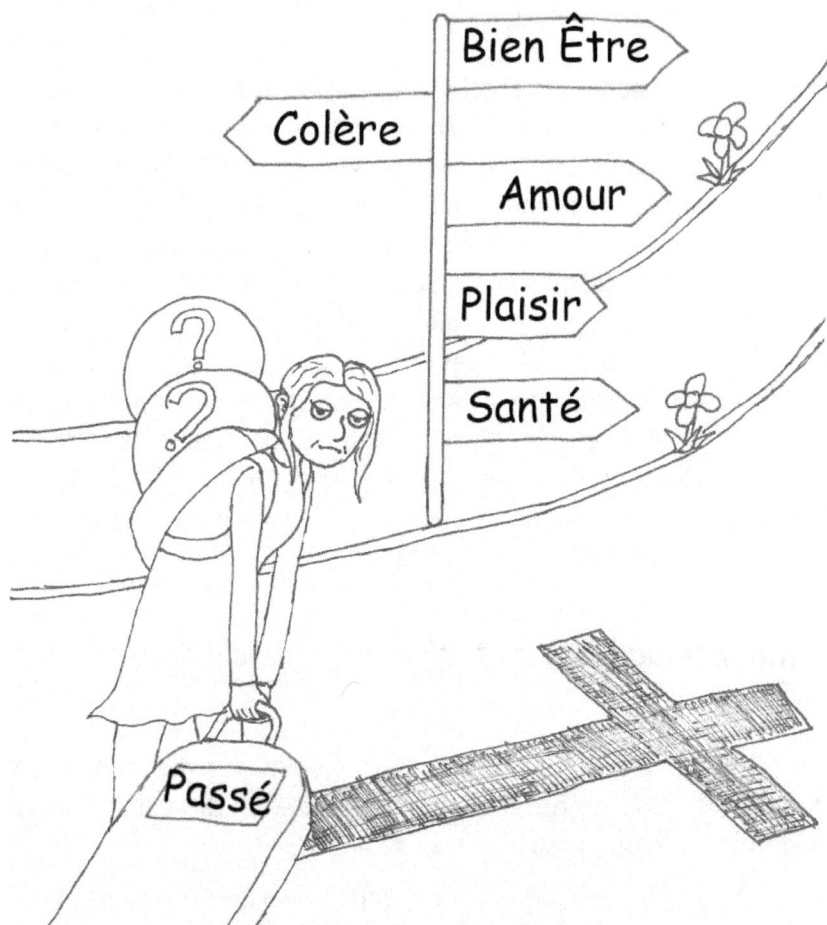

Le lâcher-prise passe donc par trois étapes successives. Imaginons le cas d'une personne dont l'activité professionnelle ne lui convient plus.

1) **Je reconnais ma situation.** Ce travail ne m'apporte pas la joie espérée, il est au contraire source de stress et de lassitude.

2) **J'accepte cette prise de conscience.** Oui, je me suis trompé de voie et je n'ai pas voulu faire machine arrière lorsque j'aurais pu le faire. Oui, les événements que j'ai vécus récemment m'ont fait évoluer et je me donne le droit de dire que ce métier ne m'épanouit plus.

3) **Je transforme la situation.** Je décide de me réorienter vers ce qui me paraît être ma vocation. Je m'arme de courage, je quitte cet emploi source d'insatisfaction et je me forme pour exercer ce métier d'infirmier, de boulanger, de chef d'entreprise, d'artiste... Je mets en place des actions pour concrétiser ce désir de changement en projet réalisable à court, moyen ou long terme.

Ma méthode simple et efficace pour lâcher prise

Lâcher prise n'est pas facile, aussi je vous invite à faire cet exercice que je propose à mes patients du cabinet pour démarrer le processus.

Pour cela, vous avez besoin d'une feuille de papier et d'un stylo. Prenez la feuille et pliez-la en deux.

Tracez une colonne en son milieu. A gauche, dans cette partie consacrée au passé, vous notez ce qui vous est désagréable, ce que vous ne voulez plus, ces défauts qui vous handicapent, etc. A droite, dans cette partie consacrée au futur, vous écrivez ce qui vous est agréable, ce que vous voulez, ces qualités qui font votre force. Allez-y, faites-le, vidangez. Je ne veux plus éprouver ce sentiment de jalousie, mais je mets quoi en face ? L'antidote. L'acceptation. La confiance. Je ne veux plus grossir ? J'écris « être mince ». Opposez clairement ce qui est mauvais et bon pour vous.

Une fois cette prise de notes effectuée, vous partagez la feuille en deux, vous la déchirez en son milieu. Et vous jetez la partie du passé et de ce que vous ne voulez plus être. Vous pouvez en faire des confettis si vous le souhaitez, l'important est que vous déchiriez ce que vous ne voulez plus garder à l'intérieur de vous. Contemplez ces petits bouts de papier blanc qui retombent mollement comme des flocons de neige et appréciez ce calme qui vous envahit.

Le lâcher-prise commence ici. A présent, regardez la partie qui vous reste, celle du futur proche qui contient tout ce que vous voulez. La paix, la santé, l'hygiène de vie, etc. Ce sont ici tous vos choix que vous avez opérés en pleine conscience. Pliez cette feuille en quatre et gardez-la sur vous ou dans votre environnement proche.

Chaque jour, relisez au moins une fois mais davantage c'est mieux, vos volontés afin de vous en imprégner.

Tout naturellement, votre conscience éveillée et prête à l'action, vous allez appliquer des petits changements qui vous permettront au fur et à mesure de vous rapprocher de vos objectifs. Vous souhaitez perdre du poids ? Vous commencerez peut-être par refuser les pizzas inutiles deux fois par semaine. Vous souhaitez arrêter le café ? Vous essayerez de le remplacer par une tasse de tisane.

Ces petits gestes vous inscrivent déjà dans l'obtention d'une meilleure hygiène de vie. Tout au long de notre vie, nous avons le choix et vivons les conséquences de nos choix. Lorsque vous vous levez le matin, quel est votre premier choix ? Vous allez courir, vous buvez un bol de café, vous allumez votre téléphone ?

Réfléchissez aux conséquences de ces choix dans votre quotidien. Le sport matinal vous permet-il d'entretenir votre forme et d'attaquer la journée dans les meilleures dispositions ? Vous aimez le goût du café mais ne vous empêche-t-il pas de vous endormir la nuit venue ? Le temps que vous allez consacrer à votre téléphone avant de partir à votre travail, est-il plus utile que si vous le consacriez à échanger avec votre partenaire de vie ?

Chaque être humain est doué de dualité et doit pouvoir identifier clairement ce qu'il veut et ne veut pas pour choisir ce qui est bon pour lui.

Un petit exemple encore pour illustrer mon propos. Imaginez-vous prendre un taxi. Vous montez à l'intérieur.

- Bonjour chauffeur, vous pouvez démarrer.

- Très bien, vous voulez aller où ?

- Je ne veux pas aller à Bordeaux, je ne veux pas aller à Grenoble et je ne veux pas aller à Marseille.

- Soit mais vous voulez aller où ?

- Je ne sais pas.

- Vous ne savez pas mais moi non plus.

Vous seul pouvez décider de l'itinéraire que vous voulez emprunter, de la destination finale. Lorsque je demande à mes patients du cabinet ce qu'ils veulent dans la vie, tous me répondent à l'unanimité « la paix ». C'est beau, n'est-ce pas ? Mais où trouvez-vous la paix ? Ni à Auchan, ni au bureau de tabac, ni au débit de boissons. Non, vous trouverez la paix à l'intérieur de vous en relâchant tout ce que vous ne voulez pas et en mettant tous vos points forts sur ce que vous voulez.

Avancez en toute confiance

Qu'est-ce que vous voulez vraiment ? Posez-vous la question. Ce que vous voulez n'est pas encore suffisant mais c'est le « vraiment » qui vous pousse à l'action.

Aujourd'hui vous faites le choix du bien-être ou de continuer le mal-être. Si vous ne lâchez pas la prise sur cette corde qui vous fait pourtant si mal, c'est par peur de l'inconnu, de l'incertain, du vide, du manque, etc.

Prenez la feuille de papier, relâchez tout ce que vous ne voulez pas et restez concentré sur l'objectif de ce que vous voulez. Sortez de la peur et faites confiance à la vie qui va se dérouler librement, couler comme elle vient, avec ses eaux vives et dormantes, son flot ininterrompu. Avec confiance, l'escargot quitte sa coquille, la chenille devient papillon, l'être humain coupe le cordon ombilical.

A vous de jouer maintenant. Reconnaissez, acceptez, transformez. J'ai confiance en vous, vous pouvez y arriver.

Lâchez prise et donnez le sens que vous avez choisi à votre vie.

Et Demain...

Merci
La Vie

Je me couche
en PAIX
Je me lève
avec
La JOIE

Prends ton temps...

Respire ...

ET maintenant ferme tes yeux ...

Respire...

Ouvre tes yeux ...

Respire...

Pour voir ta VIE encore plus claire

...

Ferme tes yeux...

Respire...

Pense à TOI, à ta VIE !!!

CHAPITRE 2

LÂCHER PRISE ET ESTIME DE SOI

N'oubliez jamais,
Qu'un fruit mur est en train de pourrir.

Aujourd'hui, vous avez rendez-vous avec vous-même. Je vous propose dans ce chapitre de lâcher prise avec votre égo, de vous accepter tel que vous êtes, de vous reconnecter à votre être profond pour devenir enfin qui vous avez toujours rêvé d'être.

Savez-vous combien de personnes rêvent d'être quelqu'un d'autre ? Des milliards. Savez-vous combien de personnes ont agi réellement pour devenir elles-mêmes ? Infiniment peu. Mais c'est motivé par les témoignages, les conseils de ces quelques éclaireurs – qu'ils aient été donnés dans les livres, des vidéos ou des conférences –, que chacun d'entre vous parviendra à emprunter ce long et magnifique chemin qui mène à l'estime de soi.

Je ne compte plus le nombre de personnes venues à mon cabinet pour cette formidable quête. Invariablement, quand je leur demandais la raison de leur visite, voici ce qu'ils me répondaient « je ne m'estime pas, je n'ai pas confiance en moi ».

Tout le monde veut être quelqu'un mais personne ne veut être soi-même. Méditez cela.

On voudrait être cette personne parfaite, courageuse, enjouée, sûre d'elle, brillante, charismatique, etc., dont le modèle nous serait remis clefs en main. On voudrait avoir la prestance de ce voisin, la beauté de cette amie, l'éloquence de ce collègue... On admire ces autres, on leur accorde une grande valeur, et l'on se compare à leurs personnalités alors que notre échelle de comparaison devrait être interne.

Pour avoir une bonne opinion de soi-même, il faut déjà correspondre à ses propres critères d'appréciation. Qu'est-ce que je veux être ? Une personne sportive, créative, entreprenante ? Oui mais comment ? En allant m'inscrire à la salle de remise en forme, en suivant des cours de peinture, en développant ma propre affaire ?

Oui, il s'agit bien de cela, en allant. En faisant. En agissant.

S'estimer, c'est :

- se sentir capable de passer à l'action pour atteindre ses objectifs de vie,
- apprécier à leur juste valeur ses propres forces intérieures,
- identifier ses points forts et travailler ses points faibles.

Le jour de notre naissance, aucun mode d'emploi n'est livré avec cet ordinateur extraordinaire qu'est notre cerveau.

C'est à nous de découvrir, en tâtonnant, en expérimentant, en théorisant, nos compétences, nos talents innés pour avancer dans la vie.

Sur ce chemin de la réalisation de soi, il faut aussi composer avec les influences extérieures, filtrer cette tonne d'informations qui nous parvient quotidiennement et qui déclenche réactions et émotions de notre part.

S'estimer, c'est aussi se faire confiance en osant :

- Dire ce que l'on pense, ce que l'on ressent,
- Faire ce que l'on a décidé malgré l'avis général parce qu'on suit son instinct.

On agit en faisant ce qui est bon pour soi. Cela requiert une certaine sagesse et une profonde connaissance de soi.

L'estime de soi et son impact

L'estime de soi se forge au moment de l'enfance et s'entretient tout au long de notre vie. Un enfant qui a été entouré d'amour, soutenu dans ses efforts et valorisé deviendra probablement un adulte conscient de son potentiel, confiant en ses atouts et enclin à travailler ses faiblesses. Il se verrait tel qu'il est et trierait aisément les jugements des autres le concernant.

Que ce soit en raison de traumatismes vécus dans notre enfance ou d'un modèle éducatif défaillant, l'estime de soi est souvent mise à rude épreuve et impacte les choix de notre vie d'adulte.

Prenons l'exemple d'un entretien d'embauche. Celui qui jouit d'une belle estime personnelle dépassera son appréhension et saura quels atouts il peut mettre en avant auprès de son futur employeur. En revanche, celui qui manque d'estime de soi perdra facilement ses moyens. Transi par la peur de ne pas être à la hauteur, il aura tendance à écouter cette petite voix diablotine sur l'épaule qui lui souffle « mais qu'est-ce que tu fais là, tu n'y arriveras pas, tu n'es pas capable... » et plutôt que de répondre avec assurance et optimisme aux questions du recruteur, il bredouillera et donnera tous les signes d'une personne sur qui l'on ne peut compter. L'échec de l'entretien viendra alors renforcer cette image négative qu'il avait déjà de lui.

Comment faire alors pour rompre ce cercle vicieux ? Je vous invite à suivre ces trois étapes.

1) Se reconnecter à son être

Se reconnaître, c'est naître à nouveau. Savoir qui l'on est. Quelles sont vos faiblesses ? Vous êtes étourdi, vous avez tendance à la procrastination et à la paresse ? Acceptez-le. Vous êtes ainsi. Mais vous avez aussi des points forts. Quels sont-ils ? Vous êtes courageux, vous aimez vous lancer des défis ?

Vous allez donc pouvoir transformer vos faiblesses grâce à vos qualités de témérité et à une discipline qu'il vous faudra mettre en place.

2) Lâcher prise

Le passé est derrière vous. Lancez-vous maintenant dans le futur. Trouvez le courage de dépasser vos peurs, lancez-vous dans le vide, l'inconnu pour connaître le meilleur. Lâchez prise en faisant taire la voix de ce petit saboteur qui vous souffle à l'oreille ses mensonges, désormais vous ne l'entendez plus. Vous allez y arriver, vous pouvez le faire, vous en êtes capable.

3) Décider

« *C'est* plus fort que moi » dites-vous lorsque vous vous sentez en échec, confronté à vos démons, empêtré dans un sentiment de blocage. « Moi », c'est votre vraie nature, celle qui englobe vos capacités illimitées, la multiplicité de vos dons, talents, compétences, possibilités et que bien souvent on ne connaît pas.

A contrario, « C'est » représente ce petit diable, la deuxième pensée qui empêche toujours la première pensée, c'est votre passé, vos faiblesses, vos doutes, vos peurs, vos craintes. Tout ce qu'on n'est pas et que l'on a relâché précédemment.

Dépasser le « C'est », c'est retrouver sa vraie nature, travailler sur soi et se transformer en ce que l'on veut être. Déni ou défi, on sera toujours dans la dualité, dans ce partage, je fais ou je ne fais pas, je prends le risque ou je ne le prends pas. Comme vous le savez déjà, c'est à vous de décider et vous le pouvez.

Travailler sur soi : méthode de la feuille de papier

On prend donc la feuille de papier, cet outil formidable qui est notre meilleur psy, notre meilleur médecin, on la coupe en deux afin d'opposer nos qualités « à gauche » et nos défauts « à droite ». Mettez ce que vous pensez vraiment mais vous pouvez aussi écouter les parents ou amis proches si vous ne savez pas quoi y inscrire. Ils vous seront peut-être de bons conseils pour discerner vos qualités et vos défauts.

Certaines personnes qui viennent à mon cabinet pour travailler leur estime de soi me disent « moi je suis généreuse ». Je leur demande alors « avec vous-même ou avec les autres ? ». Leur réponse est toujours celle-ci : « avec les autres ».

D'autres me disent « je suis fidèle » ou « je suis à l'écoute ». Même question : « avec vous-même ou avec les autres ? ». Leur réponse est invariable : « avec les autres ». Toujours avec les autres.

La frontière est alors floue entre les qualités et défauts, car si Marie-Christine dit de Françoise « elle est gentille, elle ne dit jamais non », ce n'est pas un compliment. Elle pointe alors du doigt un manque d'affirmation de soi et de respect personnel.

Bien sûr, il faut savoir donner aux autres mais garder aussi une part de bienveillance pour soi-même.

Cette part fait partie de l'estime de soi. Elle permet de se préserver, d'être attentif à ses besoins pour pouvoir l'être ensuite avec les autres. Ne dit-on pas que pour prendre soin des autres il faut déjà savoir prendre soin de soi ?

Réfléchissez donc bien et le plus objectivement possible, listez vos qualités et vos défauts dans les parties opposées de la feuille que vous séparerez en deux. Mettez la liste des qualités dans votre poche et lisez vos principaux défauts. Par exemple, « je suis bordélique » ou « je suis jalouse » ou encore « je suis rancunière ». Ce n'est pas très agréable de lire ceci mais c'est crucial pour démarrer le travail sur soi. Après lecture, on déchire la feuille de papier.

On la jette à la poubelle ou mieux, on la composte pour enrichir la Terre avec nos défauts. Et maintenant je peux me dire que : « *Je suis conscient de ce que je ne veux pas être, je fais des confettis avec mes défauts et je me décide à travailler avec mes qualités* ».

Dépasser ses peurs

De la même façon que l'on a identifié ses qualités et ses défauts, il est capital de repérer ses peurs. Celles qui, bien souvent nées de notre imagination, nous empêchent d'avancer vers ce que l'on souhaite être ou faire. Combien de personnes rêvant de voyager ne le font pas parce qu'elles ont peur de prendre l'avion ? Combien n'iraient pas dans un pays tropical parce qu'elles ont peur des insectes ? Et cette personne qui voudrait être indépendante mais qui a tellement peur de conduire. On dit alors que cette peur est plus forte que nous, qu'elle est trop grande.

Mais regardez-la cette peur bien en face. Cette peur, c'est votre ombre. Dites-lui bonjour. Demandez-lui comment elle s'appelle. Si elle vous répond, c'est qu'elle existe bel et bien. Sinon, sans réponse de sa part, c'est qu'elle n'est pas là.

En considérant les freins que cette peur nous impose, tout ce qu'elle nous empêche de réaliser, on pourrait considérer la peur comme la plus grande maladie du monde.

Car c'est bien elle qui édifie les obstacles, les barrages, les barrières sur le chemin de notre vie. C'est elle qui nous retiendra d'entamer une réconciliation avec cet ami qui nous manque tant depuis cette stupide fâcherie. C'est elle qui nous immobilisera dans notre quotidien alors qu'on rêve secrètement de changer de travail et de domicile.

J'ai peur de ne pas trouver mieux ailleurs, j'ai peur de manquer d'argent si je quitte mon conjoint, j'ai peur de vexer ma belle-mère si nous n'allons pas la voir chaque dimanche.

La peur reste tapie là, dans notre mental, aussi fidèle qu'une ombre.

Plus le soleil brille, plus la peur est efficace. Plus on fuit et plus elle nous poursuit, démesurément grande. Alors comment faire pour la semer ?

1) Identifier ses peurs

On ne le répétera jamais assez, le travail d'introspection est à la base de tout lâcher-prise. Nier ses peurs, aussi infimes soient-elles, paralyse toute action.

Posez-vous donc les bonnes questions pour vous en débarrasser. De quoi avez-vous peur ? Posez les réponses en vrac sur une feuille de papier. Et, cette liste faite, déchirez-la comme vous l'avez fait pour celle de vos défauts.

Vous allez faire en sorte que vos peurs s'envolent de la même façon en les travaillant.

2) Démystifier ses peurs

Connaissez-vous ce dicton populaire ? La peur n'a que des grands yeux. Elle ne vous dévorera pas.

Une fois votre peur identifiée, vous pouvez la nommer et la raisonner. Je ne veux pas prendre l'avion car j'ai peur de mourir. La mort, tôt ou tard, est inéluctable. Cet événement qui ne prend parfois que quelques secondes doit-il conditionner toute votre vie et vous faire manquer des expériences aussi épanouissantes qu'inoubliables ?

3) S'affranchir de ses peurs

Achetez ce billet d'avion, respirez, souriez. Le plus dur bien sûr sera d'embarquer mais si vous parvenez à réitérer cet exploit, vous ancrerez cette action dans vos habitudes et vous éprouverez alors un sentiment agréable.

Celui d'avoir vaincu votre peur. Le miroir que vous évitiez auparavant vous renverra désormais le reflet d'une personne confiante, qui se trouve belle et s'estime. Une personne avec qui l'on a envie d'être et d'avancer.

Le moyen de Faire Plus C'est d'ÊTRE Plus

J'ai Peur

Peur

Peur

Ne pas résister aux changements

Imaginez votre vie comme un escalier. Chaque marche à gravir demande une certaine expérience, des échecs et puis des réussites. Tel l'enfant qui s'élance pour esquisser ses premiers pas, qui vacille, qui se rattrape au meuble, qui titube mais continue d'avancer, on progresse chacun à notre rythme. Aussi puissante qu'une main venant renforcer la marche balbutiante d'un tout petit, la science de soi vient accélérer notre cheminement. Celui qui touche au but a réalisé le plus précieux travail au monde qui soit, le travail sur soi.

Bien loin derrière lui, la tête comme enveloppée d'un sac plastique, marche à tâtons celui qui n'a pas effectué ce travail d'introspection. Lorsqu'il se décidera à enlever ce sac pour voir la réalité en face, il pourra l'accepter, l'accueillir et la transformer.

Ce reflet qui lui semblait hideux dans la glace, lui renvoyant l'image d'une personne incapable et disgracieuse, lui paraîtra plus avenant, plus conforme à la réalité. Ces quelques petites rides au coin des yeux sont bien là mais elles ne sont pas dépourvues de charme. Et ce regard n'est-il pas empli de fierté et de confiance ? Aujourd'hui, vous avez « *lâcher prise* », vous avez téléphoné à cette prestigieuse entreprise et vous y avez déposé votre CV, félicitez-vous d'avoir franchi le pas. Accueillez le nouveau moi avec empathie et bienveillance. Parce que vous travaillerez avec cette personne formidable qui vous regarde dans ce miroir, vous allez avancer et trouver ce que vous cherchez depuis si longtemps.

Comme la chenille devient papillon, jour après jour, il vous faudra grandir progressivement, entretenir ce travail que vous menez sur vous-même. Ne résistez pas aux changements qui se font en vous, avancez pas après pas, acceptez-vous tel que vous êtes et non tel que la société vous voudrait, libérez-vous des pressions extérieures pour devenir conforme à ce que vous voulez profondément.

Prenez soin de vous, enlevez le sac plastique, regardez-vous dans la glace et faites-vous des compliments. Pardonnez-vous et pardonnez aux autres aussi, à ces parents qui ne vous ont peut-être pas encouragés comme vous en auriez eu besoin, à cet ex qui n'a pas contribué à votre évolution personnelle, à ces amis qui souhaitaient vous façonner selon le modèle de leurs propres exigences. Surtout donnez-vous du temps et de l'indulgence pour gravir cet escalier qui mène à votre moi idéal. Continuez à apprécier votre vraie nature qui est dans vos qualités et dans vos défauts, révélez vos talents insoupçonnés, apprenez à vous connaître à travers le prisme de votre seul regard.

Je vous invite à poursuivre cette magnifique aventure de l'accomplissement de soi, à vivre pleinement ces trois mots : ouverture, guérison, transformation. Maintenant, c'est MOI JE SUIS. Je sais que vous pouvez le faire, respirez, ça s'ouvre ici, sentez comme vous êtes capable et non coupable.

Prends ton temps...

Respire ...

ET maintenant ferme tes yeux ...

Respire...

Ouvre tes yeux ...

Respire...

Pour voir ta VIE encore plus claire
...

Ferme tes yeux...

Respire...

Pense à TOI, à ta VIE !!!

CHAPITRE 3

LÂCHER PRISE ET MAIGRIR

Sans ses efforts pour sortir de son cocon

un papillon ne peut pas voler.

Nombre d'entre vous ont déjà fait au cours de leur vie au moins un régime si ce n'est plus.

Maigrir est une obsession que l'on pourrait qualifier de sport national.

Tandis que l'humanité n'a jamais autant fabriqué de nourriture et que paradoxalement des gens meurent encore de faim, les populations des pays développés courent toutes après ce rêve : perdre du poids. Des centaines de milliers de livres ont été écrits sur le sujet, les magazines proposent à tour de bras leurs régimes miracles, notamment quelques semaines avant la période estivale.

Tous les médias : « télévision, Internet, radio, presse, etc. » fleurissent de publicités vantant tel régime, telle diète aux résultats spectaculaires.

Si l'on peut observer les premiers jours de privation une petite perte de poids, qu'en est-il plusieurs mois plus tard ? Des kilos en plus et de l'argent dépensé en vain. Je ne prétends pas vous vendre les bienfaits d'un énième régime miracle ; je ne suis ni diététicienne, ni nutritionniste, je suis thérapeute.

Je vais donc vous vous parler du travail qui se fait dans le « corps mental » pour atteindre votre poids idéal. Je n'emploierai pas le mot maigrir car il est souvent synonyme de régime, de frustration, de manque, d'obsession et de privation.

Au sein de mon cabinet, j'utilise plutôt le mot alléger car il est souvent question d'alléger son corps mais aussi ses pensées et sa vie de manière générale.

Le lâcher-prise en matière de nourriture vous permet de vous sentir en effet plus léger, plus en phase avec votre corps, plus apaisé.

Pour ce faire, nous allons donc réfléchir ensemble à votre hygiène alimentaire, à la façon dont vous mangez, où et quand, et analyser les causes et conséquences de votre prise de nourriture. Chaque être étant unique, avec ses propres organes, son propre mental, vous adapterez en fonction de votre propre corps les conseils que je vous prodigue ici.

Se questionner avant de manger

On nous a longtemps répété que pour mincir il fallait suivre des consignes précises. Nutritionnistes, médecins, enseignants, parents, toutes les autorités nous ont abreuvés dès l'enfance de ces ordres « il faut finir son assiette », « il faut manger 5 fruits et légumes par jour », « il faut boire beaucoup d'eau » et de ces interdictions « il ne faut pas trop saler, trop sucrer, etc. ».

L'action de se nourrir devient alors synonyme de contrainte désagréable et notre mental se rebelle contre cette série de lois et de devoirs. Je vous invite donc à être plutôt qu'à faire, à être bien dans votre corps et votre esprit.

Posons-nous donc les bonnes questions avant de manger :

- Je mange parce que j'ai faim ?
- Mon estomac crie famine ?
- Je mange parce que j'ai envie de manger ?
- D'un goût sucré ou salé sur mes papilles ?

- Je mange parce que je ressens des émotions négatives ?...

Manger parce qu'on a réellement faim est plus rare que manger pour éprouver un sentiment de plaisir éphémère.

Voici les émotions qui ont souvent tendance à initier un grignotage :

• **l'ennui** (je mange parce que je me sens seul, parce que cela fait du bruit dans ma bouche et me procure un sentiment de compagnie, je mange pour combler ce vide intérieur) ;

• **la tristesse** (je mange parce que j'ai besoin de me dorloter, d'éprouver de la joie même fugace en me faisant ce bon goûter que me faisait ma maman quand j'étais petit autrefois) ;

• **la colère** (je mange pour me sentir apaisé, pour que ce sentiment de satiété contrebalance cette émotion qui m'agite et me frustre) ;

• **le stress** (je mange pour occuper mes mains fébriles, pour évacuer ce trop-plein d'énergie et pour neutraliser mes pensées qui se dispersent dans tous les sens) ;

• **la peur** (je mange pour me rassurer, pour chasser mes craintes sous le flot continu des aliments)

Il s'agit donc de faire la différence entre le ***besoin vital*** de manger et ***l'envie*** de manger.

Le besoin occupe l'espace de l'estomac, c'est lui qui gargouille quand vous manquez d'apport calorique pour couvrir vos besoins journaliers.

L'envie se trouve quant à elle dans la tête, dans cet espace mental sollicité par les sens. L'odeur du bon poulet grillé alors que vous faites le marché vient titiller vos narines et vous met en appétit. La vue ou l'audition de cette publicité décrivant cette succulente tarte au citron, son goût acidulé, sa matière crémeuse et croustillante à la fois vous met l'eau à la bouche. Vous n'aviez pourtant pas faim ni ne pensiez à manger, et soudain l'envie est là, irrépressible.

La tête veut tout, elle n'est jamais rassasiée, mais le corps n'en a pas besoin et il souffre de ces prises de nourriture trop nombreuses. Il dit stop, je n'en peux plus.

Alors comment cesser ces prises de nourriture et remplir la seule quantité exigée par l'estomac et non la tête qui représente seulement 1/10e du corps ?

Commencez par fermer les yeux avant votre prochaine fringale. Cette envie soudaine de manger est-elle survenue alors que vous remplissiez le frigo ? Ou parce que vous vous ennuyez dans ce train ? Posez-vous la question suivante : pourquoi ai-je envie de manger ?

Si votre réponse est « parce que j'ai faim », rappelez-vous que votre estomac a la dimension d'un bol chinois et que vous n'avez nullement besoin de vous resservir pour vous rassasier.

Si votre réponse est « parce que j'en ai envie », fermez les yeux et essayez d'identifier la cause de cette envie, quelle émotion a pu la susciter.

La tête ne représente qu'un dixième du corps et c'est pourtant elle qui influence l'épaisseur de la silhouette.

Qui est le plus important entre l'assiette et moi ?

Il s'agit donc d'aligner le corps et la tête pour modifier son regard sur la nourriture et se rééquilibrer naturellement.

Je vous invite donc à vous asseoir à table, à vous recentrer sur votre assiette, à laisser les sollicitations du monde extérieur de côté (télévision et téléphone éteints), à apprécier en pleine conscience le contenu sain et coloré de votre assiette, à savourer autant par l'odeur que le goût votre menu et à ressentir votre estomac :

- Comment il se remplit ?
- Comment il éprouve un sentiment de satiété progressif ?
- Comment il se connecte à votre cerveau pour dire enfin stop ?

Alors qui est le plus important entre l'assiette et moi ? C'est le : « et » bien entendu.

Il vous faudra de surcroît oublier les croyances que l'on vous a inculquées dès la petite enfance : » Manger parce que c'est l'heure », « Manger parce qu'il faut finir son assiette », « Manger pour faire honneur aux hôtes »...

L'écoute de l'estomac doit elle seule motiver votre prise de nourriture. Pour éviter les gaspillages alimentaires, vous pouvez réserver au réfrigérateur ce que vous n'avez pas consommé et qui peut tout à fait composer le menu de votre prochain repas. Du riz cuit en trop grande quantité vous donnera l'idée d'une salade de riz pour le souper. Des légumes mis de côté intègreront parfaitement la recette d'un cake ou d'une quiche. Si vos restes sont infimes, ils pourront régaler votre animal de compagnie et s'ils sont au contraire trop copieux, pourquoi ne pas les partager avec votre voisin ?

Il y a de multiples possibilités pour ne pas grossir la poubelle et surtout ne pas faire de votre estomac une poubelle.

Le plus important doit rester votre corps et son alimentation de qualité à la juste quantité.

Méthode des 4 A : Apaiser, Apprécier, Aligner, Alléger

Voici une méthode que j'ai eu l'occasion de tester sur moi notamment au décès de ma mère.

J'avais pris du poids, progressivement, insidieusement ; un kilo par année ce n'est rien, oui mais dans 20 ans si je continue comme ça je risque bien de mourir obèse. Je me suis alors posée et je me suis demandée : « A quel moment me suis-je laissée tomber ? ».

Bien évidemment, la mort de ma mère avait été le déclencheur de cette alimentation désordonnée. La tristesse, la peur, le déni que j'avais dans la tête étaient descendus dans mon corps et il devenait urgent que je me réaligne : tête, estomac, baskets.

Je devais prendre soin de mon corps pour préserver mon énergie vitale et me reconnecter à mon assiette sans parasite autour.

Fini les médias, fini les discussions inutiles, je décidais d'agir et de réapprendre à manger pour m'alléger.

Je lâchais prise tout simplement.

Mon poids s'est alors stabilisé, j'ai retrouvé calme et sérénité, j'ai apprécié mon corps léger et vivant.

Je m'étais apaisée, j'appréciais le contenu de mon assiette, je m'étais alignée avec elle et par conséquent je m'étais allégée

Préserver son corps

On peut changer de voiture, de sac à main, de vêtements, de bijoux,... ou de conjoint.

Mais s'il y a bien une chose que l'on ne peut pas changer : c'est notre corps.

Il est ce que nous avons de plus précieux, chacun de ses organes est vital pour notre santé. Notre corps est ce qui nous permet de vivre, tout simplement.

Essayez d'imaginer votre corps comme un véhicule. Un avertisseur sur le tableau de bord vous signale qu'il vous faut prendre de l'essence, c'est votre estomac qui gargouille.

- Comment allez-vous faire le plein ?
- Quel carburant allez-vous lui servir ?
- Avec de la malbouffe à bas prix ou avec de la nourriture de très bonne qualité mais probablement plus chère ?
- Opterez-vous pour la quantité ou la qualité ? ...

On a toujours le choix et les conséquences du choix.

On peut faire la paix avec soi-même et manger dans un état d'esprit apaisé ou l'on peut avaler à la hâte une abondance de mets.

Quelle que soit votre décision, votre silhouette subira les conséquences de votre choix. Et soyez certain que lorsque l'aspect extérieur de votre corps se retrouve impacté, c'est tout le fonctionnement de votre système vital qui est en jeu.

Votre cœur, ce moteur complexe, s'encrasse, ses artères se bouchent, et vous risquez la panne, fatale. Votre système digestif ne parvient plus à assimiler le sucre ou le gluten et vous développez des maladies telles que le diabète ou le syndrome du côlon irritable, etc.

Avant d'en arriver à ces extrémités-là, vous pouvez aussi prévenir tous les accidents, en conduisant prudemment le véhicule de votre corps et en effectuant des mesures régulières. Ainsi le défi de chaque jour est de préserver votre bien être et votre santé. Soyez certain que le chemin de votre VIE va être agréable et fluide.

Manger mieux et peu

Tout ce que j'ai expérimenté sur moi, c'est mieux et peu.

Si vous respectez la mesure du bol chinois ou de ce qui rentre dans vos deux mains, avec un contenu de variété : « une poignée de légumes, de féculents, de protéines végétales ou animales et de préférence de culture biologique, et qui corresponde à vos goûts propres », vous ne stockerez plus et vous vous amincirez progressivement.

Il n'y a pas de régime, de recette miraculeuse pour maigrir de façon spectaculaire.

Souvent les patients me demandent de faire de la magie pour les faire maigrir et je leur réponds alors « écoutez-vous, la magie est en vous, c'est votre ÂME QUI AGIT, c'est l'ÂME - AGIT».

Outre la méthode des 4 A : Apprécier, Alléger, Aligner, Apaiser, je vous encourage à utiliser cet outil confortable, qui est la feuille de papier afin de vous permettre d'identifier clairement vos objectifs et besoins.

Coupez-la en deux :

- à gauche « je suis trop »,
- à droite « je ne suis pas assez »,
- au milieu « j'aimerais bien être ».

Gardez toute la feuille, ne déchirez rien cette fois-ci et équilibrez vos réponses.

Par exemple, « je suis trop gros », « je ne suis pas assez mince », « j'aimerais bien être plus léger », ou encore « je suis trop énervé », « je ne suis pas assez calme », « j'aimerais bien être heureux ».

Chaque fois qu'on s'éloigne de l'extrême, on trouve l'équilibre.

Demandez-vous ensuite ce qu'il vous faut pour être bien dès aujourd'hui :

- Est-ce qu'il vous faut plus d'activité physique ?
- En ce cas, pourquoi ne pas aller au marché à pied ou à votre travail en vélo ?
- Plus de temps pour vous ?
- Pourquoi ne pas pratiquer un art-thérapie tel que le coloriage de mandalas, l'écriture ou la pratique d'un instrument de musique ?

A présent que vous avez compris comment apprécier votre nourriture et comment vous aligner, il vous faudra apprendre à vous apaiser.

Il existe une technique toute simple pour y parvenir : la respiration de relâchement. Avant chaque repas ou quand vous en ressentez le besoin, prenez quatre inspirations profondes et expirez quatre fois calmement. Répétez cet exercice à volonté.

Sentez comme ça se relâche à l'intérieur de vous, comme vous pouvez ressentir physiquement les effets du lâcher-prise.

Chaque jour, pratiquez et usez à profusion de ce formidable outil d'amincissement. Vous retrouverez naturellement votre poids de forme et par la même occasion renforcerez votre estime de soi.

Admirez votre reflet dans la glace, la légèreté vous va si bien. Vous avez lâché prise et cela se voit.

Prends ton temps...

Respire ...

ET maintenant ferme tes yeux ...

Respire...

Ouvre tes yeux ...

Respire...

Pour voir ta VIE encore plus claire

...

Ferme tes yeux...

Respire...

Pense à TOI, à ta VIE !!!

CHAPITRE 4

LACHER PRISE DANS LE COUPLE

"Je t'aime, et t'ai toujours aimé ; quand on aime ainsi une personne, on l'aime telle qu'elle est et non telle qu'on la voudrait." Anna Karénine, Léon Tolstoï

Deux êtres qui se rencontrent et c'est comme s'ils s'étaient connus toute leur vie ou comme s'ils s'étaient déjà croisés dans une vie antérieure. Le cœur bat la chamade, un sentiment d'amour réciproque rapproche les tourtereaux et leurs regards convergent dans la même direction.

Je suis toi, tu es moi, on est pareil.

Le couple est créé et semble vibrer à l'unisson.

Car il faut bien avoir à l'esprit qu'au-delà de l'aspect romantique, l'amour est avant tout un sentiment qui naît d'une vibration. Je vibre pour toi, tu vibres pour moi, nous vibrons ensemble. Cette vibration électrique va parfois emballer cet organe symbole de l'amour qu'est le cœur, va gagner ou perdre en intensité selon que ces deux êtres sont plus ou moins sur la même longueur d'onde.

De même que l'on met tous les jours du bois dans la cheminée pour entretenir le feu, l'amour se nourrit, se transforme et évolue. Il naît, il vit, il meurt. Et parfois même, une petite étincelle le rallume de ses cendres. Que vous soyez dans une union quelconque : union libre, concubinage, mariage, etc., ou que vous espériez trouver l'amour, il est primordial de comprendre comment le couple se construit, comment il se transforme, comment il s'entretient pour aimer sans condition aucune.

Je vous dirai d'ailleurs de quelle manière on peut réparer les dégâts après la tempête. Vous verrez alors qu'après l'orage, aimer en lâchant prise sera comme remplir ses poumons d'air pur et vous permettra de repartir ensemble, main dans la main, vers un nouvel horizon.

Le Couple

$$1 + 1 = 2$$

Je		Tu		On
Suis	ET	Es		Est
TOI		MOI		Pareil

Du rêve à la réalité

Le couple à ses débuts vibre dans l'euphorie, se découvre avec délectation et jouit pleinement de son union autant spirituelle que charnelle. Sa stabilité n'a pas encore été éprouvée par les petits et grands conflits que l'on est souvent amené à affronter au quotidien.

J'aime associer le couple à l'image d'un tabouret à trois pieds. Le sentiment d'amour et la sexualité forgent son premier pied. Mais cela ne suffit pas pour procurer une assise confortable et solide. La compatibilité et la flexibilité des amants façonnent le second pied.

Chacun doit s'adapter à l'autre, s'écouter et se respecter. Le couple commence alors à exister. Cependant, il a besoin d'un troisième pied pour se cimenter, celui des projets à courts, moyens et longs termes. Ce peut être un projet de voyage en commun, de déménagement, d'achat de voiture, de mariage, d'enfants, etc.

Pour que le tabouret ne vacille pas, il faut que chacun des pieds soit solidement ancré dans le sol et qu'on en répare les fêlures s'il en présente.

L'illusion des débuts fait alors place à la réalité et aux efforts que chacun doit fournir pour que le couple reste sur ses trois pieds bien équilibrés.

LE COUPLE C'EST COMME UN TABOURET . SI
VOULEZ QU'IL TIENNE DEBOUT IL LUI FAUT
3 PIEDS EN EQUILIBRE

LE COUPLE

AMOUR + SEXUALITE

COMPATIBILITE

PROJETS ENSEMBLE

ET ... QUEL EST LE PIED DE VOTRE TABOURET
QUI BOÎTE ???

Les blessures et les relations de couples

Chaque être humain porte en lui un héritage familial avec sa part d'ombre et de lumière.

Lorsqu'un couple se crée, ce sont deux histoires qui se rencontrent, se complètent, se heurtent, se nouent. Un homme qui aura manqué d'affection maternelle attendra peut-être de sa femme qu'elle le comble de cet amour-là, qu'elle le dorlote comme un enfant. Une femme qui aura vu en son père un camarade de jeux plutôt qu'une figure paternelle autoritaire et rassurante cherchera peut-être en son mari un homme de pouvoir, qui prend les décisions avec fermeté.

Et cette « qualité » qu'on recherchait chez l'autre risque de se transformer en « défaut » si les deux partenaires n'ont évolué ensemble vers plus d'autonomie. Cette femme qui aimait tant l'insouciance de cet homme ne la supportera plus après la naissance des enfants. Cet homme qui trouvait charmant cette manie de la propreté chez sa femme se sentira oppressé quand elle régentera ses faits et gestes en fonction des tâches ménagères à effectuer au domicile. Se demandera-t-il si cette maniaquerie ne lui a pas été transmise par l'un de ses parents ? Et elle, verra-t-elle dans cet homme-enfant l'impact d'une mère qui ne souhaitait pas voir grandir son fils ou d'un père qui affichait le même profil ?

Posez-vous aussi ces questions-là. Votre conjoint a tendance à vouloir tout contrôler, jusqu'à vos horaires de sortie ? Ne vous a-t-il pas confié qu'il avait été séparé de sa mère les premières années de sa vie et l'avait ressenti comme un abandon ? Votre fiancée encombre votre appartement avec toute sa collection de babioles et vos placards débordent de réserve alimentaire ? Ne serait-ce pas lié aux difficultés financières que sa famille a connues durant son adolescence après la mort de son père ? Ne souffre-t-elle pas d'un vide intérieur qu'elle tente de combler d'une manière inadaptée ?

Nous avons tous une histoire personnelle et nous sommes tous « le réceptacle » de l'éducation, des croyances, des actes,… de nos parents comme eux même l'ont été des leurs.

Quel est le premier couple que vous avez vu dans votre vie ? Vos parents. Les parents sont les premiers adultes à nous avoir tenu dans leurs bras. Votre père vous a serré contre son torse protecteur, votre mère vous a bercé tout contre son sein nourricier.

Le couple qu'ils ont pu former vous sert peut-être de modèle ou au contraire vous souhaitez ne pas reproduire leur schéma dysfonctionnel.

Tout cela imprègne le couple et fonde le matériau de base de sa construction.

Les variations du couple

Je vais vous dresser une petite liste de variations du couple et vous tenterez de trouver à quel modèle le vôtre correspond le plus.

Gardez toutefois à l'esprit que chaque couple est unique, en constante évolution et que vous pourrez vous rapprocher de plusieurs modèles à la fois ; par exemple, vous balancerez entre le couple conflictuel et le couple conscient.

1) Le couple romantique

Ce couple-là a inspiré nombre d'auteurs de la littérature du 19e siècle. Il pourrait aussi être appelé le couple véritable car sa formule mathématique logique serait la suivante : 1+1=2.

Ici, personne ne s'efface, l'autre est respecté et accueilli, avec ses qualités et ses défauts, avec son passé et surtout son présent. Il n'a pas été choisi pour colmater de vieilles blessures mais bien pour sa personnalité et tout ce qui fait de lui l'unique être aimé. C'est le couple du lâcher-prise.

2) Le couple conflictuel

A l'inverse du couple romantique, le couple conflictuel ne parvient pas à l'équilibre naturel entre les deux partis. Il se résume par la formule suivante : 1+1=1. Pour que le couple existe, une personne doit céder sa place et laisser l'autre gouverner. Soit c'est madame qui s'incline devant l'autorité de monsieur, soit c'est monsieur qui laisse à madame le soin de décider de tout.

Bien qu'il ne s'agisse pas d'une union saine dans le sens où l'un doit s'effacer pour l'autre, certains couples parviennent à fonctionner de cette façon toute une vie. S'ils sont heureux ainsi, pourquoi pas.

3) Le couple conscient

La raison prend ici le pas sur l'amour et force est de reconnaître que peu de conflits agitent ce couple.

Dans ce chacun en soi même s'il y a partage d'un foyer, le couple vit dans la sérénité et peut fêter allègrement ses 50 ans d'union. Or, le couple conscient n'a pas une formule mathématique logique puisqu'il correspond à cette addition surprenante : 1+1=11. C'est-à-dire deux êtres qui se respectent, vivent ensemble, se sentent plus forts à deux et l'affection sert aussi des intérêts communs à l'instar de ces couples qui font carrière en politique.

4) Le couple créateur

Ce ménage est devenu conscient de son passé et il a réglé en grande partie, et individuellement, ses vieilles blessures. A ce stade il a besoin de créer pour fonctionner. Sa formule : 1+1+1 = 3. Il s'agit d'un couple où chacun a atteint suffisamment d'autonomie individuel, pour investir, l'énergie de l'amour qui les réunit, dans un projet créateur de bien-être, de paix, au service des autres : une œuvre caritative, etc... Ainsi l'équation 1+1+1 = 3 prend tout son sens :

- 1+1 ce sont les deux personnes
- +1 c'est l'énergie de l'amour utilisée et dirigée vers
- =3 c'est la création, le projet au service de...

L'autre, procure une source supplémentaire de créativité, unissant ces deux êtres de façon plus profonde et va faire émerger : abondance et richesse.

Ce couple, laisse sa créativité les réunir, vit l'instant présent et ne se soucie pas de savoir si ils seront encore ensemble dans le futur. Il est fort probable que ce couple qui se régénère dans la création, possède les fondations pour durer.

5) Le couple divin

Ce couple nous vient tout droit des **contes de fées** et des mythes tel que Psyché et d'Eros. C'est lui, c'est elle, c'est un RÊVE IDEAL.

Que ce soit dans les contes de Cendrillon ou de Blanche-Neige, la relation intime des deux partenaires est entière et intacte malgré les obstacles. L'autre est accepté tel qu'il est et aucun ne s'efface pour qu'opère la magie de l'amour.

Le vide en soi

Les blessures qui nous ont été infligées par le passé et dont les plaies n'ont pas cicatrisé ressemblent à ces trous qu'ont parfois les passoires.

Imaginez que vous êtes ce gobelet perforé de toutes parts et que le sentiment amoureux qui vous remplit est un jet d'eau fraîche.

Vous avez beau mourir de soif, le liquide ne cesse de s'écouler par tous vos pores et plus vous puisez à la fontaine de votre amour, plus vous vous sentez frustré, la gorge éternellement sèche.

C'est une vaine entreprise que de vouloir combler son vide intérieur, ce que je nomme le vide en soi, par la matière évanescente et impalpable des sentiments.

Changer de partenaire ne résoudra pas le problème à long terme non plus. Comme dit le dicton, avant d'être bien avec quelqu'un, il faut déjà être bien avec soi-même. Je vous invite alors à effectuer un vrai travail sur vous-même, à prendre conscience tout d'abord de vos blessures et sentiments d'abandon, d'injustice, de trahison qui en découlent et dont vous pouvez seul panser les plaies.

Ensuite, reportez-vous au premier chapitre de ce livre pour mettre en pratique tous les conseils que j'ai pu vous prodiguer pour lâcher prise et faire émerger un nouveau moi, entier, libre, serein.

« TU » ça tue

Bravo ! Vous avez franchi cette étape, identifié votre refus inconscient de faire face à votre propre souffrance, compris que votre couple devait exister pour lui et non pour anesthésier vos anciennes douleurs et autres émotions négatives. C'est bien.

Maintenant, vous souhaitez vous éloigner du modèle du couple conflictuel pour cheminer plus sereinement avec votre partenaire. Dans ce cas, baissez les armes. A l'image d'un canon de pistolet qui tire sur son adversaire, le reproche continuel qui commence toujours par le pronom personnel « tu » braque sur votre conjoint le faisceau de sa culpabilité, de ses torts, de sa responsabilité dans votre état colérique. Le percutant « TU » est-ce qui va déclencher la dispute : « tu ne m'as pas écouté, tu m'as dit ceci, tu m'as répondu cela, tu ne fais jamais rien, tu n'es jamais là »... Les cartouches fusent, les propos s'enveniment, les mots dépassent la pensée et le couple se transforme en duellistes : tyran contre victime, accusateur contre accusé, juge contre coupable, etc.

Plutôt que de dégainer tout à coup, en vous laissant aller à votre colère, faites une pause. Respirez profondément. Mettez votre égo de côté et préférez le « je » au moment de parler.

Livrez-vous sans pudeur « je suis déçu, je suis triste, je suis en colère, je suis au bout du rouleau, je pense que cette situation ne me convient plus ». Mettez en avant vos sensations, vos sentiments, vos blessures sans accuser l'autre. Accueillez le désaccord, reconnaissez la réalité de ce moment et appropriez-vous-la.

Votre partenaire ne se sentira pas jugé ni menacé, il ne réagira pas avec excès pour avoir le dernier mot, et à son tour il s'exprimera le plus justement et le plus calmement possible.

Votre couple profitera d'un dialogue constructif et aboutira très certainement à une tentative de résolution du problème : « je ferai comme ça la prochaine fois, je comprends, je ne pensais pas te blesser en faisant ceci, je ferai un effort… ». Lâchez prise dans le « JE » de l'amour, vous avancerez main dans la main, ensemble, et non pas l'un contre l'autre.

Le lâcher prise en amour

Afin de vivre une relation harmonieuse avec l'élu de votre cœur, il vous faut donc éviter les conflits inutiles qui sont la source de nombreuses maladies.

Une femme qui s'accroche désespérément à son amour perdu, espère le retour de son mari qui l'a quittée, pourra développer des infections vaginales, voire un cancer de l'utérus. Un homme souffrira éventuellement de la prostate ou d'autres parties de son anatomie sexuelle. Le mal refoulé s'exprimera à travers le corps ; c'est la corrélation entre la maladie et le « mal a dit ».

Aimer en lâchant prise, c'est nourrir un sentiment fort pour une personne sans vouloir la changer, sans chercher à exercer un pouvoir quelconque sur elle, sans tenter de la dominer. C'est une relation d'égal à égal qui ne s'embarrasse pas des écueils de la passion tels que la jalousie ou l'obsession. Si vous pensez à l'autre en permanence, vous faites sur lui une fixation qui pourra s'amenuiser avec le temps mais qui, sur le moment, ne contribuera pas à votre bonne santé. Si vous restez avec votre partenaire par crainte de le blesser ou de mettre en péril sa santé morale, financière, etc., votre amour est en réalité un sentiment de piété et d'obligation morale.

Posez-vous les vraies questions. Votre relation amoureuse est-elle empreinte de douceur ou de violence ? Aimez-vous sans vous battre et vous abattre ? Votre relation vous épanouit-elle pleinement

Identifier pour éviter la confusion

Il est donc temps de sortir l'arme fatale, la toute simple feuille de papier qui nous est si utile et agréable pour travailler sur vous. Vous pliez votre feuille en deux parties et écrivez à gauche ce que vous cherchez dans le couple : l'amour, la paix, la comprehension, etc..., et à droite ce que vous voulez éviter : les conflits, la jalousie, les comparaisons, etc..

Cette identification vous permet d'éviter la confusion, de savoir ce qui vous fait mal et de trouver ce qui est bon pour vous. Interrogez-vous sur ce que vous pouvez changer et améliorer, dès maintenant, en gardant à l'esprit que l'origine du problème n'est pas le couple mais bien les mémoires respectives, le passé de chacun, le vécu et les sentiments qui y sont mêlés. Vous ne pouvez et ne devez pas changer l'autre.

En revanche, vous pouvez le détacher de l'image du couple basée sur vos parents et que vous avez fixée dès votre petite enfance jusqu'à l'âge de sept ans.

Vous éviterez les comparaisons inutiles et baserez votre travail sur le présent, les deux individus uniques qui composent votre couple, la communication à nulle autre pareille qui est la vôtre.

Désolé, pardon, merci, je t'aime

Le lâcher-prise, après la connaissance, passe enfin par le pardon et la reconnaissance.

Aujourd'hui, vous n'êtes ni victime ni coupable, pas contre la maladie mais pour la santé, et vous prenez humblement votre part de responsabilité dans le couple que vous formez. Vous êtes doté d'amour au sens large du terme, de sensibilité, et d'une marge d'erreurs de jugement.

Vous avez souffert de l'infidélité de l'être aimé ? Plutôt que de penser qu'il vous a trompé, modifiez votre point de vue et rectifiez votre raisonnement : vous vous êtes trompé sur lui. Peut-être en commettant des erreurs par rapport à votre passé, peut-être en vous attachant à un individu inconstant par peur de l'engagement, accueillez l'autre tel qu'il est et laissez-le partir si vos chemins s'écartent.

N'oubliez pas que les couples qui durent sont ceux qui ne veulent pas changer l'autre.

STOP !

Ni Victime
Ni Bourreau
Ni Coupable

Je suis prêt à changer :
- mes pensées erronées
- mon point de vue ...

Désolé

Pardon

Merci

Je T'Aime

J'ai découvert dans le livre de L.BODIN : « HO' OPONOPONO », cette prière (ou mantras) merveilleuse composée de quatre mots magiques que vous prononcez à voix haute ou à l'intérieur de vous pour amener la paix en vous et pour l'autre :

- **Désolé :** de ne pas avoir su, d'avoir voulu faire comme mes parents, etc.,
- **Pardon :** à toi mais aussi à moi-même, je prends ma part et je te donne ma part, c'est 50/50, je te part-donne, je me part-donne, etc.,
- **Merci :** à moi, à mon corps, à l'autre, à la vie, à ce que j'ai vécu, j'ai appris beaucoup de choses, je suis riche de cette expérience, etc.
- **Je t'aime.** Soyez dans la gratitude de ce que vous avez, de ce que vous êtes, des gens qui vous entourent et vous enrichissent, de ce nouveau départ qui se présente à vous.

Répétez ces quatre mots quotidiennement : désolé, pardon, merci, je t'aime.

Votre couple lâche prise et votre amour atteint sa plénitude. Vous aimez sans condition aucune et êtes aimé en retour, intégralement. Vous savez qu'au prochain désaccord, il vous faudra vous mettre en pause, accueillir cet instant, cet état de fait, reconnaître vos émotions et en quoi elles sont liées à vos archives personnelles, votre mémoire interne, reformuler vos propos pour que le « tu » ne tue pas votre partenaire et jouer le « je » pour établir une communication la plus calme et constructive possible. Désolé. Pardon. Merci. Je t'aime.

Prends ton temps...

Respire ...

ET maintenant ferme tes yeux ...

Respire...

Ouvre tes yeux ...

Respire...

Pour voir ta VIE encore plus claire
...

Ferme tes yeux...

Respire...

Pense à TOI, à ta VIE !!!

CHAPITRE 5

LACHER PRISE ET ALCOOL

Ne pas Rire,

Ne pas Pleurer

Ne pas Blâmer,

Mais... Comprendre.

Que cela vous touche personnellement ou un membre de votre entourage, je vous propose ici de sortir de cette prison qu'est l'alcool.

C'est un sujet qui d'une façon générale nous touche tous car qui n'a pas connu une famille, un couple, la carrière ou la vie entière d'un individu détruite par l'alcool.

Personne n'est aujourd'hui à l'abri de cette maladie que l'on juge honteuse et dont on parle en effet très peu. De plus en plus de morts et de maladies trouvent leur origine dans l'alcool et cela reste pourtant un sujet tabou.

Posons-nous alors sincèrement la question : comment sommes-nous tombés dans ce piège fatal ? Comment s'est-il soudainement refermé sur nous sans que nous n'ayons rien vu venir ?

Comment je suis tombé dans le piège ?

Je vais vous raconter une histoire. C'est l'histoire d'une mouche très sympathique qui survole un pré au mois de mai. Il y avait dans ce pré une abondance de fleurs, toutes plus belles les unes que les autres, qui attiraient un grand nombre d'insectes. Notre mouche se rapproche d'une magnifique plante aux couleurs éclatantes. Elle dégage une odeur encore plus envoutante que les autres fleurs, son nectar semble divin.

Comment je suis tombé dans le Piège?

La, la, la!!!

Au moment où la mouche se pose délicatement sur sa corolle, la plante, d'un coup sec, se referme. C'était une plante carnivore. La mouche est tombée dans le piège fatal.

Comme elle, vous avez sans doute connu cette période de découverte euphorique vers l'âge de seize ou dix-sept ans. Au printemps de notre vie, émerveillé par toutes ces nouvelles saveurs, on veut tout goûter, tout expérimenter.

Et l'on boit comme tout le monde pour faire pareil, pour s'intégrer au groupe, pour paraître cool et branché. Une première cuite est bientôt suivie de plusieurs autres. Fête rime continuellement avec alcool.

Cependant, on ignore sur quelle corde raide on marche et quel piège nous attend en dessous. Il y a les funambules prudents qui tremperont leurs lèvres dans un verre et éviteront le deuxième mais il y a aussi ceux qui ne sont pas assez méfiants et qui tomberont dans le piège fatal. Or, que se passe-t-il après cette chute vertigineuse ? Bien souvent, on reste empêtré dans le filet et on cherche en vain l'issue. Interrogeons-nous alors sur ce qui nous a fait perdre l'équilibre.

Pourquoi je bois ?

La réponse à cette question doit être honnête, livrée sans fausse pudeur, même si la formuler est douloureux.

Délivrez-vous des prétextes et des bonnes raisons qui émaillent souvent le discours de l'alcoolique qui s'ignore : « je bois cette bière parce que j'ai soif », « je bois cette liqueur pour digérer ». Ponctuellement, pourquoi pas. Tous les jours, non. On note d'ailleurs une différence de motivation dans la consommation d'alcool selon que l'individu en question est un homme ou une femme. La sensibilité féminine associe la boisson à une compagnie qui la trompe de sa solitude.

Récemment divorcée, célibataire endurcie, confrontée à un deuil ou à un abandon, etc., la femme cherche de la joie et une présence rassurante en buvant plus que de raison. La bouteille est là, sur la plan de travail de la cuisine, sur la table, et l'appelle : « viens boire un verre, je serai toujours là moi, je t'aime et je vais prendre soin de toi, je te consolerai, tu verras, tu seras plus gaie et ça ira mieux ».

En revanche, l'homme à l'ego fragilisé trouve dans l'alcool un remède à son impuissance sous quelque forme que ce soit (sentiment d'infériorité dans sa vie affective, professionnelle, etc.) et s'adonne à l'alcoolisme pour se donner du courage. La bouteille l'attend après le travail, souvent dans un lieu festif de type bar ou discothèque. Elle lui souffle alors « bois un coup, je vais te donner de la force tu vas voir, tu pourras parler à ces gens que tu ne connais pas, tu pourras séduire cette jolie fille, tu auras l'air tellement plus intéressant… » et sous l'effet de l'alcool, la timidité de l'homme s'estompe.

Toutefois, c'est une illusion. Ce n'est pas notre identité propre qui se révèle à travers la boisson, c'est une autre personnalité qui prend forme sous le masque de l'alcool.

L'addiction démarre dès lors que l'on cherche à être perpétuellement cet autre et, plutôt que de soigner le vrai moi, elle l'enferme dans une mésestime personnelle, une prison de dépit et de honte.

Alors, questionnez-vous sincèrement, pourquoi buvez-vous ? Pour le goût exquis de ce Saint-Emilion à 80 euros la bouteille ? Pourquoi pas, si vous êtes un expert en œnologie. Ou pour l'effet étourdissant et euphorique que l'alcool vous procure ? Quel type d'alcool préférez-vous ?

Personnellement, n'ayant aucune connaissance en matière de vins, j'opterai pour un petit verre de rosé, surtout dans le cadre idyllique d'un soir d'été en Provence. Pour d'autres, fins amateurs, ce sera le choix longuement étudié d'un grand cru pour accompagner la dégustation d'un plat de chef au restaurant.

L'alcoolisme ne réside pas dans la qualité de la boisson mais dans sa quantité. Un peu tous les jours est suffisant pour développer une addiction à la consommation d'alcool. Si vous ne pouvez pas vous passer de votre bouteille de vin à table, peu importe sa provenance, interrogez-vous. S'il vous est impensable de n'avoir aucune bière dans votre réfrigérateur, pareillement, interrogez-vous. Je me souviens d'un patient qui me disait dans mon cabinet « je ne suis pas alcoolique, je bois juste de la bière ». Je lui demandai alors « oui mais combien par jour ? ». Sa réponse fut surprenante « Une quinzaine ». Ah ! La somme quotidienne est importante. Une dame, quant à elle, ne consommait que du martini. Oui mais une bouteille par jour.

On parle d'alcoolisme chronique quand une personne boit tous les jours depuis de nombreuses années. L'habitude s'installe, l'effet recherché même s'il reste léger est devenu indispensable au bien-être du buveur.

L'alcool remplace-t-il dès lors l'absorption d'un antidépresseur ?

Je suis buveur occasionnel ou alcoolique.

Pour lâcher prise, il faut commencer par reconnaître son état. Personne n'aime dire « oui je suis alcoolique », c'est humiliant, dégradant, douloureux.

Une personne atteinte d'un cancer ou d'une défaillance cardiaque le dévoilera sans vergogne à autrui. La maladie de l'alcoolisme reste en revanche couverte d'opprobre. Elle naît d'une addiction que l'orgueil peine à avouer. On dira alors plutôt « je suis fêtard » ou « je suis épicurien » mais les qualificatifs ne sont que des déguisements pour dissimuler l'alcoolisme. Qui ira confier à son mari ou sa femme « je crois que j'ai un problème d'alcool ? ».

Cette confession demeure néanmoins le premier pas de la guérison. Dire « oui, je suis alcoolique », c'est lâcher prise. C'est aussi faire tomber le masque que l'alcool distribue volontiers à ses adeptes.

Le buveur invétéré est souvent passé maître dans l'art de la dissimulation et de la manipulation. Ses cachettes sont ingénieuses, ses mensonges minutieusement élaborés, il dispose d'un inventaire d'arguments et d'alibis prêts à être dégainés à la moindre opportunité. Il pourra aussi nier sa responsabilité « c'est plus fort que moi » ou se mentir à lui-même « allez encore un petit verre et après j'arrête ».

Le buveur occasionnel pourra refuser sans problème un verre, l'alcoolique ira jusqu'à le solliciter à son hôte s'il ne lui est pas proposé. Une fois la reconnaissance de son état effectuée, le buveur devra l'accepter.

Comme on l'a déjà vu en amont, le lâcher-prise nécessite de déposer les armes. Oui, l'alcool est le plus fort, plus fort que mon psychisme, plus fort que mon cerveau, plus fort que mon système nerveux. Je ne veux plus me battre contre lui donc je lâche la prise. Plus je me bats et plus je m'épuise. Je suis à bout de forces.

Mais alors, que faire pour guérir de cette maladie ?

Comment obtenir la clef qui nous délivre de la prison de l'alcool ?

Je vois malheureusement les gens enchaîner les cures de désintoxication, tomber, se relever, tomber encore, et ainsi de suite. C'est un cercle vicieux qui n'a pas de fin.

Pourquoi ? Parce que ces gens-là traitent le symptôme de leur mal-être et non pas l'origine du problème. Que vous consommiez des médicaments ou de l'alcool dans l'espoir d'anesthésier vos blessures intérieures, vous restez dans ce que j'appelle votre « parc naturel ».

Avant toute chose, il faut donc s'attaquer au nœud du problème : la vision que vous avez de vous-même, les émotions négatives qui vous agitent depuis longtemps, les plaies de votre ego non cicatrisées. Vos soucis familiaux, financiers, vos différentes addictions que ce soit l'alcool ou la nourriture, tout cela est la conséquence de maux que votre enfant intérieur ne parvient pas à exprimer. L'espace carcéral n'a d'autres limites que votre tête : sortir de la prison de l'alcool, c'est vous libérer vous avant tout. La clef, c'est vous.

JE SUIS UN BUVEUR OCCASIONNEL ou ALCOOLIQUE?

Et alors!!!!
BUVEZ-VOUS de l'alcool...pour son Goût??
Ou les Effets qu'il VOUS procure???

Sincérité, volonté, persévérance

Ce sont les trois étapes de votre cheminement vers votre objectif de sevrage.

Pour sortir du cercle vicieux, je vous encourage à prendre la ligne droite. Prévenez votre entourage qu'il n'y aura pas de deuxième verre ni de troisième verre, ni de verre à heure régulière. Soyez honnête avec vous-même et avec vos proches. Plus vous allez diminuer votre consommation d'alcool, plus vous allez renforcer votre estime de soi. Lorsque vous serez parvenu à passer une journée sans boire un quelconque breuvage alcoolisé, appréciez la quiétude de votre esprit, la parfaite santé de votre corps. Pas de signe de fatigue, de migraine, d'haleine pâteuse, de douleur abdominale...

Félicitez-vous, vous pouvez être fier de vous. Réitérez ce choix autant que possible. Souvenez-vous : on a toujours le choix et les conséquences du choix. Répétez devant le miroir ces quelques phrases « non merci, je ne bois pas d'alcool, ce n'est pas bon pour moi » ou « je ne bois jamais plus d'un verre ».

Apprenez à connaître votre corps et ce qu'il vous exprime quand vous dépassez vos limites.

Repérez également les circonstances qui vous poussent vers la boisson : les sorties le samedi soir entre amis, les repas de famille qui s'éternisent, les fins de journées harassantes, etc.

Si vous vous sentez dépassé par l'ampleur de la tâche, si d'autres maladies se greffent à l'alcoolisme comme la schizophrénie, la dépression, etc., n'hésitez pas à demander de l'aide autour de vous. Vous pouvez pousser la porte d'un cabinet de psychothérapeutes ou frapper à celle des Alcooliques Anonymes où des bénévoles sauront vous accueillir avec bienveillance, vous soutenir et vous accompagner dans votre précieuse quête. Vous n'êtes pas seul. Laissez-vous aussi porter par le vent inestimable de la solidarité et de l'entraide.

Par ailleurs, votre désir d'abstinence doit être sincèrement motivé. Ce n'est pas pour votre conjoint ou votre enfant que vous cessez de boire, c'est pour Vous, pour votre santé et pour votre bien-être.

Le désir de changement doit être profondément ancré en vous. Imaginez le désir comme une locomotive, la volonté comme les wagons. Sans locomotive, le train n'avance pas. On ne peut pas le pousser. La volonté suit le désir de changement. En queue de notre train, on fera monter la persévérance. C'est elle qui nous permettra de tenir bon, de cocher les jours d'abstinence qui s'enchaînent sur le calendrier, de rester solidement accroché à ce choix salvateur. C'est elle, enfin, qui vous délivrera de la souffrance.

Même les mouches peuvent sortir des plantes carnivores si elles ont l'intelligence de lâcher prise, de ne pas s'agiter en vain et de ne pas multiplier les contacts qui viennent libérer l'enzyme digestif. La plante ayant relâché son emprise et desserré sa bouche, la mouche peut s'extirper de ce piège végétal et voler vers la liberté.

La prévention de l'alcoolisme

Il vaut souvent mieux prévenir que guérir. Aussi, je vous encourage vivement, parents, à donner le bon exemple à vos enfants.

En grandissant dans un environnement où l'alcool ne régit pas la maisonnée et les relations familiales, en leur inculquant vos connaissances dans ce domaine, en démystifiant et documentant le sujet, sans tabou, vous leur permettrez d'aborder l'adolescence avec le savoir requis pour ne pas tomber à leur tour dans le piège fatal. N'oubliez pas que pour eux vous êtes des modèles à suivre et que toute leur vie sera imprégnée de vos actes et choix.

Ouvrez-leur les yeux au moment opportun, conseillez-les et surtout, n'interdisez pas. Il n'y a pas de façon plus incitative à consommer de l'alcool que de leur en faire l'absolue interdiction. Cela vaut pour tous les interdits.

Et si vous avez souffert de l'alcoolisme par le passé, plutôt que de le taire, parlez-en avec vos enfants pour qu'ils tirent profit de votre expérience et apprécient vos efforts à leur juste valeur. Vos enfants seront fiers de vous et tenteront certainement d'observer la même ligne de conduite que vous : l'abstinence ou la consommation occasionnelle de boissons alcoolisées.

Montrez-leur : « Que la vie peut être aussi belle que folle sans boire une goutte d'alcool. »

Soyez simplement ivre de vivre et communiquez-leur cette ivresse de vivre naturelle et saine. Alors, à votre santé !

Prends ton temps...

Respire ...

ET maintenant ferme tes yeux ...

Respire...

Ouvre tes yeux ...

Respire...

Pour voir ta VIE encore plus claire

...

Ferme tes yeux...

Respire...

Pense à TOI, à ta VIE !!!

CHAPITRE 6

LACHER PRISE ET DEPRESSION

Ne cherche pas la cause cherche le remède
(Hippocrate)

Aujourd'hui on va trouver des moyens simples pour sortir de la prison de la dépression. Interrogeons-nous donc en toute simplicité. Qu'est-ce que la dépression, concrètement ?

Pour moi, la dépression c'est l'incapacité perpétuelle à trouver du plaisir. C'est se sentir toujours dans le devoir et se répéter inlassablement « il faut faire ». Les mots de la dépression ? Déplaisir, désagréable, souffrance.

On ne ressent plus le plaisir que l'on éprouvait jadis à pratiquer une activité qu'on finit par cesser, la perte d'intérêt est totale et laisse place à un sentiment de vide et de monotonie. On éprouve une grande difficulté à côtoyer les autres et en même temps la solitude nous pèse. On souffre dans son esprit (idées noires, mélancolie obsédante, perte d'estime de soi, etc.) et dans son corps (migraines, tendinites, mal de dos, etc.) et les symptômes comme l'insomnie ou la perte d'appétit vont fragiliser d'autant plus la santé déjà vacillante ; on rentre dans un cercle vicieux.

On se demande alors « Pourquoi ? Pourquoi moi ? ».

Les causes de la dépression

Il faut savoir qu'on ne trouve pas forcément la réponse à cette question.

Les causes peuvent être génétiques et l'on constate une tendance à la dépression chez plusieurs générations de la même famille.

Dépression = Désagréable
Déplaisir = Souffrance

CAUSE➡EFFET

Ce peut être également un évènement subit, brutal, vécu récemment par le sujet. Un deuil, une séparation, un choc psychique tel que ressenti par les victimes de guerres ou d'attentats, les personnes dont la vie ou l'intégrité physique a été menacée soudainement, etc. Mais ce peut aussi être le résultat d'une situation stressante qui semble sans issue et qui dure telle qu'une maladie, un chômage, la retraite professionnelle, etc.

Il faut aussi parfois remonter très loin, jusqu'à l'adolescence ou même l'enfance, pour trouver le traumatisme qui en est la cause, notamment quand il s'agit d'un manque affectif profond. Les causes sont multiples et propres à chaque individu – une même cause peut avoir différents effets – mais toutes ont sensiblement un point commun : je ne m'attendais pas au traumatisme.

Il y a eu information, réaction, émotion. Se poser la question du pourquoi ne peut donc d'aucune façon résoudre le problème de la dépression. Pire, elle freine le processus de guérison. J'ai vu des gens rester plus de 20 ans dans l'état post-traumatique de la dépression. Et d'autres qui, après plus de 15 ans de psychanalyse, n'avaient toujours pas compris pourquoi ils souffraient de cette réaction émotionnelle. Chaque être humain est unique.

Chacun ne réagira pas de la même manière face aux événements traumatiques vécus. Selon son degré de résilience, la capacité de son psychisme à surmonter un choc, selon la nature de son psychisme et son expérience forgée par les épreuves déjà traversées, le cerveau émotionnel de l'individu impacté fluctuera et le mettra soit en apnée, le souffle coupé par la dépression, soit lui insufflera l'oxygène du lâcher-prise.

Comment faire pour guérir ?

Pour sortir de la dépression, on se demande plutôt aujourd'hui « comment faire ? ».

Regardez bien. La réponse est déjà dans la question : il faut faire quelque chose. Cette question dynamisante sous-entend qu'une action est à entreprendre et qu'il faut faire autrement. Si vous prenez actuellement un antidépresseur, sachez que je ne suis pas pour mais que ce choix vous appartient s'il vous convient. A mon sens, avec l'emploi des médicaments, on va anesthésier la dépression du sujet, on va chercher à endormir le symptôme plutôt que de le traiter à la base.

Laissez-moi encore faire appel à votre imagination. Vous souffrez à cause d'une carie, que faites-vous ? Vous consultez le dentiste qui vous fait une piqûre pour anesthésier la zone douloureuse. Et puis, vous rentrez aussitôt chez vous ? Ou vous attendez qu'il colmate le trou et vous soigne en profondeur ? Bien évidemment, vous opterez pour la solution qui vous apportera la guérison complète.

C'est exactement la même chose pour la dépression. Il faut penser « comment faire » et la thérapie brève centrée sur la solution, comme celle par l'hypnose que je pratique pour vous faire aller mieux, vous permet de créer et de mettre en place une stratégie pour émerger de cet état post-traumatique et vous délivrer de ses souffrances.

Maladie ou mal à dire

Aujourd'hui, on déclare la dépression comme une maladie. En France, nous sommes d'ailleurs les premiers consommateurs d'antidépresseurs au monde.

Mal/a/die. Décomposons ce mot. Le mal désigne la douleur physique, nuisible à la santé, mais aussi la douleur morale comme le chagrin. En latin, le verbe « dicere » dont est issue l'ancienne forme au subjonctif présent « die » signifie « dire ». En somme, la maladie est une souffrance que l'on doit exprimer nécessairement, un mal qui doit se dire.

Il nous est parfois impossible de reconnaître notre souffrance tant elle est profonde. Elle sera en conséquence refoulée et tue verbalement. Or, elle cherchera toujours à s'exprimer, de quelque manière que ce soit.

Le corps lui servira dès lors de moyen d'expression. Qui supportera une lourde charge, comme celle d'une famille nombreuse à gérer ou d'une entreprise à faire tourner, souffrira du dos. Qui sera en proie à des conflits familiaux dont il ne semble y avoir aucune issue souffrira d'insomnie. Et bien que ce mal vienne de l'intérieur, parce que son expression est douloureuse, on cherchera à le faire taire avec des procédés extérieurs.

Peut-on réellement noyer son chagrin dans l'alcool ou le brûler avec une cigarette ? Peut-on étouffer son mal être avec de la nourriture ? Les comportements extrêmes ne pourront jamais soigner les plaies d'une blessure intérieure, seulement les aggraver jusqu'à l'issue fatale dans les cas de déni les plus extrêmes.

MAL / A / DIE
(maladie)

Victime

Je suis en Colère, Triste C'est lourd

Passé

Mon Histoire

J'ai Peur

Mal

Mal

On se ressemble et on va ensemble

Vous n'êtes pas dépressif

Gardez bien cela à l'esprit. Vous avez peut-être les symptômes de la dépression, d'un mal qui vient de votre for intérieur, mais vous n'êtes pas, dans votre identité propre et véritable, dépressif. Ce n'est pas votre vraie nature.

Une partie de vous a des symptômes, des comportements, des syndromes dépressifs. Vous ne devez pas vous identifier à une maladie qui est passagère. Il y a eu un avant, il y aura un après. En attendant, vous traînez ce mal comme un boulet. La chaîne vous meurtrit la peau et vous n'en voyez plus le bout, vous êtes las d'avancer avec ce poids lourd à votre pied. A l'instar de ce boulet, la vie vous pèse et vous pensez à rompre le lien qui vous unit à ce fardeau. Stop. Posez-vous. Et commencez par exprimer votre dépression.

Lorsque je demande aux gens comment ils voient leur dépression, ils me répondent souvent « je suis au bout du rouleau », « je suis dans un tunnel », ou encore « je suis dans un trou noir ». Il n'y a plus d'espoir, noir c'est noir comme le chantait Johnny.

Pour ma part, je fais souvent référence à l'image du sac à dos que l'on porte depuis des années et qui pèse lourd sur nos épaules, nos reins, sur chacune de nos vertèbres. Que contient-il ce sac à dos ? Notre histoire. Mais il peut aussi contenir les souffrances des autres.

Certaines personnes en dépression que j'interroge se décrivent comme une cocotte-minute sur le feu, prête à exploser. Elles bouillonnent de colère et la soupape siffle à toute vapeur. On touche ici les émotions de base : la colère contre le passé, la tristesse d'ici et maintenant, et intrinsèquement liée, la peur du futur.

J'aime aussi particulièrement la métaphore de l'animal blessé. Si vous tentez de toucher sa blessure pour le soigner, il adoptera une attitude menaçante et risque de vous agresser. Non seulement il est mû par un instinct de survie qui le remplit de méfiance à votre égard mais il est aussi agité d'un sentiment de colère.

C'est cette même colère qui naît d'une blessure intérieure qui n'est pas soignée et probablement pas encore reconnue.

Le cercle vicieux de la dépression

Comme on est mal, tout va mal. Vous pensez même attirer les gens qui vont mal, les objets qui se cassent, toute la maison semble en panne.

Un jour, une patiente s'est même exclamée à mon cabinet « tout ce que je touche, ça tourne en merde ! ». Je répliquai aussi sec : « stop, ne touchez plus rien ! » et enchaînai « on va essayer d'aller mieux pour toucher de nouveau et reconstruire ensemble ».

Si vous êtes terriblement mal, avec l'impression d'être au fond du trou, vous ne pouvez prendre des décisions importantes ou des engagements à long terme. Vous devez tout d'abord prendre conscience de ce qui vous arrive pour ensuite prendre la décision d'aller mieux. Et toujours vous poser la question « comment » plutôt que « pourquoi ». Comment faire pour ne plus attirer les gens qui vont mal et cesser de courir à la catastrophe ? Comment rompre ce cercle vicieux du mal en pis ?

N'avez-vous pas remarqué comment les choses désagréables se répètent souvent au cours d'une vie ? Vous avez souffert de l'abandon de vos parents à votre naissance et vous attirez désormais les hommes qui vous abandonnent ? Vous avez souffert de violence parentale durant votre enfance et votre partenaire fait preuve du même comportement violent ?

C'est ce qu'on appelle le transfert de blessure. On voit le monde à travers des filtres et on se dirige inconsciemment vers ce qu'on devrait plutôt fuir. On peut continuer dans cette situation à répétition des années durant jusqu'au jour où on se dit « stop, il faut que ça change ».

Lâcher la « pris-on »

Pour nous en sortir, le premier pas est celui qui nous permet de nous arrêter. Pas d'action c'est déjà une grande action en soi. On stoppe le manège qui tourne sans cesse dans sa tête, on se repose, on détend son corps physique pétri de souffrance et de tensions, on ne fait plus rien. Et on lâche prise.

On laisse la vie se dérouler librement, on laisse son corps parler avec ses six milliards de cellules, dans toute son intelligence ; c'est lui qui va chercher la solution pour nous faire aller mieux. On allège son sac à dos de cette histoire que l'on traîne depuis trop longtemps dans nos cellules, avec toutes les parties douloureuses de notre corps. On tâche d'éviter la confusion, celle qui nous fait répéter à l'envi toutes nos fautes.

Ecoutez bien cette phrase, imprégnez-vous-en : « jusqu'à maintenant j'ai toujours évité ce que je devais chercher et j'ai toujours cherché ce que je devais éviter ». Prenez conscience de votre responsabilité. Cessez d'accuser continuellement les autres, les circonstances, la malchance, le destin, etc. Prenez conscience de vos émotions. Reconnaissez celles qui vous rendent malade : la peur, la colère, la tristesse, etc., et celles qui garantissent votre santé comme la joie et la sérénité.

Identifiez vos blessures de base telles que l'auteure canadienne Lise Bourbeau les définit dans ses livres de développement personnel * (voir référence en bas de chapitre), les sentiments d'injustice, de trahison, d'abandon, de rejet, d'humiliation qui conditionnent souvent toute une vie et initient des comportements de fuite, de contrôle, de dépendance, etc.

1. **Je sens** (ma douleur, ça fait mal)
2. **je ressens** (de la colère, du chagrin, etc.)
3. **j'ai besoin de** (m'apaiser, de rire, etc.)
4. **je reconnais que** je vais mal et que je dois chercher ce qui me procurera paix et joie.

Identifier, filtrer, changer

N'oubliez pas l'instrument de la feuille que l'on plie en deux pour mettre vos idées au clair. Dans la colonne de gauche, vous écrirez « oui j'aime » qu'il s'agisse de glace à la vanille, de promener votre chien, d'aller au cinéma, et à droite « non je n'aime pas » que cela concerne l'ambiance de votre travail, le fait de vous lever tôt ou de travailler avec votre père, etc.

Il est très important de distinguer ce que l'on veut de ce que l'on ne veut pas, ce qui relève du plaisir ou du devoir, de la liberté ou de la contrainte.

Tentez si vous le voulez bien l'expérience suivante. Demain, vous vous rendrez à votre travail muni d'une passoire, d'un imperméable, d'un parapluie ou de tout autre objet au pouvoir filtrant. Ces accessoires vous permettront de filtrer l'information, de ne retenir que ce qui est bon pour vous et de laisser couler tout ce qui est inutile ou désagréable.

Tout cet enchaînement de cause à effet, pression-oppression-dépression, est nul et non avenu. Vous changez parallèlement votre regard sur les gens et les circonstances et appréciez leur faible impact sur votre sentiment de bien-être. Vous avez manqué votre train ? Tant pis, vous prendrez le temps de finir ce roman en l'attendant. Vous avez essuyez tranquillement la mauvaise humeur de votre supérieur ? Surpris de votre constance, il s'est rendu compte de son excès et, s'adaptant à votre calme, est même venu s'excuser. Vous n'avez en aucun cas filtré les informations avec inquiétude ou colère, vous les avez vues telles qu'elles étaient et en avez tiré le meilleur parti.

Comment être un héros ?

Cet esprit optimiste peut vous permettre de vous enrichir de tout ce que vous vivez et de ce que vous avez vécu de difficile. Profitez de votre nouvel angle de vue.

Si la dépression est arrivée, c'est qu'elle doit vous permettre de comprendre quelque chose. Une dépression bien comprise permet un nouveau départ dans la vie, une guérison totale. Jusqu'à maintenant je tournais en rond, mais je n'avais pas trouvé le bon chemin.

Dans ce travail thérapeutique, on va chercher la lumière, l'amour pour soi, pour la vie, pour ses organes, pour les gens qui sont autour de nous. C'est moi qui vis ma vie, c'est moi qui pense, c'est moi qui fais le choix. Cet enfant qui a pleuré à l'intérieur de moi, c'est moi encore et toujours.

Et où est-ce que je vais trouver les solutions pour prendre soin de moi ? A l'intérieur de moi, tout simplement. Je suis mon propre héros. Je ne suis plus coupable mais capable.

Responsable de mes pensées et de mes actes, j'assume les conséquences de mes choix (voir le chapitre « Lâcher prise et estime de soi ») et je fais ceux qui me procurent du bien. Je suis ce héros qui fait jaillir le train du long tunnel obscur et qui lui permet de sortir, victorieux, dans la lumière.

Le soleil luit et tout est différent dans sa radieuse clarté. Je peux même faire preuve de gratitude. Merci la dépression, tu m'as beaucoup appris.

La joie, c'est la santé

Aujourd'hui, l'impossible devient possible, je change d'abord en moi ce que je veux voir dans ma vie. Je cherche la joie, la simplicité, tous ces sentiments qui vont adoucir mon quotidien et petit à petit me rendre heureux. La fumée noire s'est envolée, je laisse entrer la lumière. Pour aller à Paris, je ne prends pas le manège qui me fait tourner en rond, je réfléchis et je monte dans le TGV pour que ça avance tout droit. La santé est tout ce qui m'intéresse.

Je fabrique mes propres clefs, je sens, je ressens, j'ai besoin de.., je clarifie ce qu'il me faut et ne me faut pas, je me connecte à mon vrai moi – le faux moi c'est ce que je vois à travers la fumée noire –, à mon plexus solaire, qui me permet de connaître mes vrais besoins.

J'évite ce qui est saboteur, les filtres obscurcis, et je recherche la joie sous toutes ses formes. Un conseil à mettre en pratique régulièrement pour vous ressourcer : puisez dans la force de l'image mentale. Ce peut être un souvenir de vacances, la beauté d'une promenade en bord de mer au coucher du soleil, le bruit chantant de la rivière que vous avez descendue en canoë, ou ce peut-être un détail de votre journée tel que le bon café pris après le déjeuner en terrasse, le coup de téléphone inattendu de cet ami dont vous étiez sans nouvelle depuis longtemps, peu importe tant que cette image mentale vous procure un sentiment de plaisir et de bien-être.

Avant de vous endormir, souvenez-vous de deux choses qui ont illuminé votre journée et remerciez-les. Vous vous apprêterez au plus doux des sommeils, réparateur, et vous vous conditionnerez pour éprouver cette joie de nouveau, jour après jour. Après chaque tempête, après chaque nuit, souvenez-vous : le soleil se lève et brille de nouveau.

*Lise Bourbeau, Les 5 blessures qui empêchent d'être soi-même, éditeur Pocket

Prends ton temps...

Respire ...

ET maintenant ferme tes yeux ...

Respire...

Ouvre tes yeux ...

Respire...

Pour voir ta VIE encore plus claire

...

Ferme tes yeux...

Respire...

Pense à TOI, à ta VIE !!!

CHAPITRE 7

LACHER PRISE ET TABAC

Soyez conscient,

Soyez vivant,

Soyez présent,

RESPIREZ C'EST GRATUIT.

« A mes quatre enfants qui m'ont aidé et soutenu dans ce défi : d'oublier définitivement le tabac, et à mes petits enfants qui apprécient leur papi libéré de la prison du tabac. »

Jean-Philippe MURARD

J'ai fait une très belle rencontre il y a 10 ans. Celle de Jean-Philippe Murard, mon collègue actuel mais aussi mon ancien patient. Il est venu me voir un beau jour de septembre avec la volonté ferme d'arrêter de fumer.

Le travail que l'on a mené ensemble lui a permis de poursuivre une démarche qu'il avait déjà bien entamée. Et je suis fière, aujourd'hui, de son parcours. Anciennement ingénieur dans l'industrie des armes, il s'est pleinement investi dans un autre combat : celui de la liberté.

Une fois libéré de l'emprise de la cigarette, Jean-Philippe s'est reconverti comme hypnothérapeute et a eu à cœur de sauver d'autres personnes de cette maladie contagieuse à l'issue souvent fatale.

Savez-vous d'ailleurs comment j'appelle la cigarette ?

La peste du XXIe siècle. Car celui qui la touche une seule fois est aussitôt contaminé et ne peut plus s'en passer, quitte à y laisser la vie.

Oserai-je parler de crime contre l'humanité ?

Sans doute quand on sait que le tabac est la première cause de mortalité en France, une mortalité évitable de surcroît.

Vous aider à arrêter de fumer, est une des plus nobles causes servies par mon travail passionnant de psychothérapeute.

Et quelle plus belle preuve de réussite que le lâcher- prise de Jean-Philippe sur la cigarette, à son tour homme libre et complice d'évasion de centaines d'individus autrefois détenus dans la prison du tabac.

Je vous laisse donc découvrir son témoignage fort de son expérience et de son savoir en hypnothérapie Eriksonienne.

Les cinq pas vers la liberté

Le chemin qui vous mène à la liberté de l'air pur et gratuit passe par cinq actions distinctes mais reliées les unes aux autres : sortir du déni, décider, se préparer, couper le lien, entrer dans le défi. Je vous invite dans ce chapitre à faire ces cinq pas ensemble, progressivement, main dans la main.

Mais au commencement de cette démarche, de ce qu'on pourrait qualifier malicieusement de promenade de santé, retournons-nous et tâchons de comprendre quel itinéraire nous a mené tout droit vers la case prison de la cigarette. Identifier de quelle manière nous sommes tombés dans le piège du tabac est une première étape vers la prise de conscience générale de notre état de fumeur.

L'apprentissage par l'imitation

De même qu'un enfant apprend à marcher ou à manger avec une cuillère en regardant les autres, le futur fumeur se forme dès le plus jeune âge en observant son entourage.

Qu'il s'agisse de parents proches ou éloignés, de voisins ou d'amis entrés dans l'âge adulte, le cercle social d'un enfant se compose déjà de personnes qui fument devant lui, à côté de lui, voire tout près de lui. Dès la sortie de la maternité, les adultes venus admirer le nouveau-né s'adonnent au tabagisme dans la maison. Ils se regroupent, tels des oiseaux de malheur, clope au bec, autour du berceau. Plus tard, l'oncle fera sauter le tout-petit sur ses genoux sans se départir de sa pipe dont les volutes de fumée odorante viendront titiller les jeunes narines innocentes.

Souvenez-vous de la première fois où vous avez senti cette odeur de tabac frais, de la première fois où vous avez vu une grande personne se rouler une cigarette, quel âge aviez-vous alors ? Mû par le plaisir d'imitation, on fait semblant de fumer avec nos doigts quand l'air hivernal se fait glacial et se transforme en vapeur blanche sur nos lèvres. On joue aussi à faire semblant avec les cigarettes en chocolat ou en biscuit. La cigarette devient accessoire de dégustation et de plaisir collégial. La bulle de ce monde enchanteur où personne ne tousse et semble si heureux n'est pas faite de savon mais de goudron et de nicotine entre autres.

Pourtant, une petite voix agite l'enfant innocent et doué d'instinct que nous sommes et beaucoup d'entre nous ont demandé à leurs parents d'arrêter de fumer. Je me revois demander cela à mon père vers l'âge de six ans et l'implorer « papa, arrête de fumer, tu sens mauvais et ça va te faire du mal ! » sans que cela n'ait de conséquences. J'étais alors innocence et influence. Je sens encore cet esprit de virilité planer sur la maisonnée quand je regardais tous les hommes de ma famille (mon père, mon grand-père, mes oncles, etc.) fumer allègrement.

Je vais même vous livrer une petite confession. Lors de ma première communion, dans une ambiance festive d'initiation, les adultes de ma famille m'ont autorisé à fumer ma première cigarette et à boire mon premier verre de vin. Ce jour-là, j'ai été converti à la cigarette comme à la religion. J'avais croqué dans le fruit défendu et cette première bouffée, estompant les contours jadis nets de ma conscience, devait être suivie de beaucoup d'autres dès la fin de mon adolescence.

Par un bel été, le corps alangui sur une plage, ma première compagne me propose une cigarette. J'en prends une, et puis une autre, et encore une autre. Avec toute l'arrogance de mes 18 ans, j'ai succombé à cet objet qui me semblait inoffensif et même source de bonheur, en pensant pouvoir m'en passer quand je le voudrais. Je me mentais à moi-même. Si je continuais à fumer, c'est que je le voulais.

Ignorance, insouciance, dépendance. Les années ont passé, je ne fumais plus pour faire comme les autres ou pour paraître plus intelligent, je fumais pour cacher tous mes problèmes derrière la cigarette, je me dissimulais derrière un mégot, je brûlais ma vie par les deux bouts.

Premier pas : sortir du déni

Ma prise de conscience n'est venue qu'après 30 ans de tabagisme intensif. A l'aube de mes 50 ans, tout à coup, j'ai regardé vraiment la cigarette telle qu'elle était.

Celle que j'estimais comme ma meilleure amie, dont j'avais besoin après une émotion forte telle que la colère ou la peine, celle dont je ne pouvais plus me passer était en train de me trahir. Jadis, elle était la compagne de mon bien-être, elle m'apportait des petits cadeaux.

Dorénavant, elle m'asservissait au mal-être en me faisant tousser dès le matin et en me poussant à courir les bureaux de tabac tard le soir quand mon paquet était vide. J'étais plus qu'attaché à elle, j'étais son prisonnier. Esclave du tabac, de sa gestion quotidienne, de son achat dispendieux, de sa consommation à outrance, je donnais de surcroît, à mon grand dépit, le mauvais exemple à mes quatre merveilleux enfants.

Comme je l'avais demandé à mon père il y a longtemps, ma fille, à son tour, a souhaité me voir cesser le tabagisme. Je devais arrêter la cigarette pour ses 18 ans mais bien sûr, parce que je n'étais pas réellement décidé, je n'y suis pas arrivé.

Comment sortir de 30 ans de prison dont on découvre bien trop tard les barreaux ?

Pour ma part, ce fut un accident en 2007 qui me fit véritablement ouvrir les yeux et qui eut l'effet d'un électrochoc sur mon cerveau. Surmené par le travail, épuisé par des évènements familiaux difficiles et un stress continu, mon corps pourtant sportif lâche et je me retrouve paralysé de la jambe droite.

J'ai 47 ans à ce moment-là. Je décide de m'asseoir et de faire le bilan de la cigarette dans ma vie déjà bien écoulée. Voici le compte-rendu de ce bilan intransigeant :

- une demi jambe droite paralysée
- 90 000 € de perte financière
- 3 ans à 6 ans de ma vie
- 260 000 mégots ou 26 m3 de mégots
- 260 kg de cigarettes...

DEFI

AIR PUR

1er PAS

Prendre CONSCIENCE

DENI

LA VERITE de La CIGARETTE
- les chiffres
- le chemin de le cigarette : passé, futur.
- ....

Effrayant, j'analysais un à un les chiffres sans concession de la plus grande meurtrière du 21éme siècle en me disant : « 90 000 € pour une jambe, ce n'est pas cher payé !!! Combien vaut ma santé, mon bien être, mon corps ? » C'est sans prix, et je me suis rendu compte, que c'est lorsque l'on a perdu quelque chose qu'on se rend compte de sa vraie valeur.

Le temps passé à fumer, multiplié par le nombre de cigarettes, sans compter le temps de sommeil, avoisine une durée totale de 3 années à ne faire que cela : fumer. 6 années si je prends en compte les nuits.

Non seulement je suis à l'origine d'une production de déchets équivalant à 260 kilos de mégots, mais j'ai gagné en plus, plusieurs centaines de produits toxiques et mortels, injectés directement dans mon corps.

En échange de ce gain empoisonné, j'aurais pu devenir paraplégique. Sachez d'ailleurs messieurs que le tabagisme est médicalement reconnu comme facteur de troubles d'érection et peut entraîner l'impuissance sexuelle.

Jusque-là, je n'avais pas osé regarder la vérité telle qu'elle était et je n'avais pas dressé méticuleusement le bilan financier de mon tabagisme. Prenez le temps de le faire à votre tour, non pas pour vous culpabiliser, mais pour être sincère avec vous-même.

De fait, connaissez-vous le bilan de la cigarette en France ? Voici quelques chiffres que j'ai recueillis pour vous et que vous pouvez vérifier dans la presse ou auprès de sites internet tels que www.tabac-info-service.fr ou https://www.nicorette.fr. En 2016, 78 000 personnes sont mortes à cause de la cigarette et parmi elles, 5 000 non-fumeurs seraient décédés de tabagisme passif.

C'est juste 22 fois à 23 fois plus que les accidents de la route et c'est aussi une des plus grande cause de mortalité évitable dans notre pays.

Il y a les Morts pour la France et les morts pour la cigarette. Ces derniers occupent chaque année un cimetière de 60 hectares alors imaginez les 78 000 croix qui le peuplent et que l'on aurait pu éviter.

D'après le site le www.mondedutabac.com., le tabac ferait 6 millions de morts dans le monde par an. Poursuivons encore un peu avec les chiffres. Chaque année, selon l'INPES, l'Etat perçoit environ 10 milliards d'euros de taxes issues de la vente du tabac ; notez également que le coût du tabac : dépenses de santé, campagnes de préventions, etc., est aussi égal à 10 milliards d'euros. Par an, cela représente environ une somme de 1 200 euros par contribuable fumeur ou non-fumeur en dépenses de santé. Enfin, si vous êtes fumeur de longue durée, sachez que vous avez beaucoup moins de chance de dépasser l'âge de 63 ans.

Vous n'aurez donc probablement pas de retraite ou n'en profiterez que très peu.

En revanche, un non-fumeur aura plus de chance d'atteindre l'espérance de vie qui est de 83 ans aujourd'hui, ce qui lui fait gagner au moins 20 ans de vie par rapport à un fumeur.

Voilà les chiffres tels que je les ai regardés en face et voilà comment on peut sortir du déni et prendre conscience que notre vie ne tient qu'à un mégot de cigarette.

Deuxième pas, j'ai décidé d'arrêter de fumer

La balance a alors pesé plus lourd du côté de ma motivation pour arrêter de fumer. J'étais décidé à sortir de cette prison de nicotine, coûte que coûte. Cette envie de liberté était plus forte que celle de fumer, l'envie de vivre plus forte que celle de mourir à petits feux.

Du déni, grâce à cette prise de conscience sans complaisance, je suis passé au défi. J'ai repris ma liste des pertes et gains liés à la cigarette et j'y ai repéré tous les domaines de ma vie que je voulais absolument améliorer. Je partais à la reconquête de mon bien-être, de mon argent, de ma santé, de la nature et d'autres choses encore. Si vous n'êtes pas motivé comme ça, c'est que vous n'êtes pas décidé. Je vous invite donc à faire cette liste pour identifier vos propres motivations.

Pour ma part, ma motivation première concernait le bien-être. Je souhaitais me sentir libre à nouveau et ne plus courir comme un fou tous les bureaux de tabac de la région ouverts le dimanche soir pour me réapprovisionner d'urgence. Je voulais également améliorer mon hygiène corporelle. Lorsque vous fumez, l'odeur de tabac vous colle à la peau, son inhalation teinte vos dents, vos ongles, vous êtes imprégné de l'extérieur mais aussi de l'intérieur. Et si l'on peut lessiver ses vêtements, on ne pourra jamais mettre ses organes dans la machine à laver.

Quand j'ai arrêté de fumer, j'ai recommencé à aimer mon corps et cela m'a permis de persévérer dans mon abstinence.

Ma seconde motivation, et non pas la moindre, était de recouvrir la santé. Moi qui avais été jadis sportif, j'ai mis un an à réapprendre à marcher. Quelle plus grande fierté que celle d'avoir retrouvé l'usage de ma jambe partiellement paralysée et de pouvoir marcher et même courir à nouveau !

Ma troisième motivation était d'ordre financier. Catastrophé par tout cet argent que j'avais jeté par les fenêtres, j'étais bien décidé à en apprécier sa juste valeur et surtout à ne plus le voir partir en fumée. Depuis 10 ans, mois après mois, j'ai mis le budget que j'allouais à la cigarette auparavant sur un compte bancaire et j'ai pu économiser 23 000 euros. Grâce à cette épargne, je me suis offert le 25 septembre 2017 un magnifique week-end à la plage pour fêter mes 10 ans d'arrêt du tabac. Un beau pied de nez donc à cette cigarette qui ruine tant de revenus !

Ma quatrième motivation, la nature. Comprendre que j'avais jeté dans la nature 260 000 mégots m'a fait l'effet d'une douche froide. A 18 ans je les enfouissais dans le sable, je les jetais même dans la rivière, je ne me souciais guère de leur impact sur la nature et pourtant sans elle je ne suis plus rien.

Aujourd'hui, je l'ai compris. Comme j'ai été stupide et inconscient ! Mais je regarde devant moi et je prends maintenant soin de la nature qui me permet de respirer cet air pur et gratuit qui emplit mes poumons, libres.

Une cinquième motivation et celle qui me rend le plus heureux : mes six merveilleux petits-enfants.

A ce jour, ils n'ont jamais vu leur papi fumer, je ne leur ai jamais donné ce mauvais exemple que j'avais reçu dans mon enfance. Parce que moi aussi j'avais été victime des autres et que de victime j'étais devenu coupable.

Mais j'avais décidé d'être capable et non plus coupable.

Je me suis imprégné de mes motivations régulièrement. Chaque jour, j'ai répété mes objectifs pour qu'ils fassent partie de moi et m'aident à préparer ce moi nouveau.

Troisième pas, je me suis préparé

Imprégné de mon défi, il me fallait mettre un plan imparable en action. Ma stratégie d'attaque, basée sur les fondations de ma motivation, était de stopper progressivement la cigarette pour tenir sur la durée.

De même qu'un nouvel athlète rallonge son temps de course petit à petit, moi je réduisais la cigarette notamment sur certaines habitudes que j'avais identifiées au préalable telles que les pauses cigarettes au travail ou le traditionnel café-cigarette.

J'ai d'ailleurs finalement remplacé le café par du thé vert, bien meilleur pour la santé et dissocié du tabac dans mon esprit. Je me suis très facilement passé de ces cigarettes oisives parce que je l'avais décidé. Je les ai remplacées par un verre d'eau fraîche ou une pomme pour ne pas tomber dans le piège des sucreries.

J'avais aussi fait appel à quelques astuces comme fumer de la main gauche au lieu de la main droite pour me déséquilibrer et associer à l'acte de l'inhalation une sensation désagréable de maladresse.

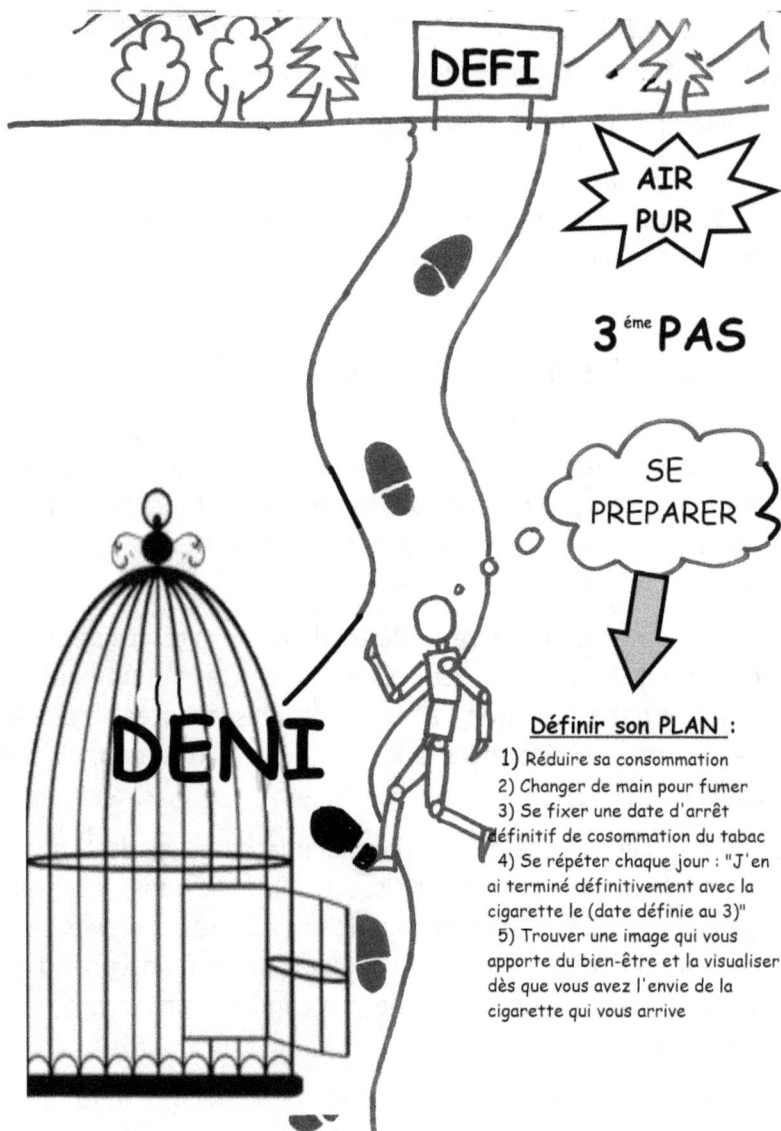

DEFI

AIR PUR

3ème PAS

SE PREPARER

DENI

Définir son PLAN :

1) Réduire sa consommation
2) Changer de main pour fumer
3) Se fixer une date d'arrêt définitif de cosommation du tabac
4) Se répéter chaque jour : "J'en ai terminé définitivement avec la cigarette le (date définie au 3)"
5) Trouver une image qui vous apporte du bien-être et la visualiser dès que vous avez l'envie de la cigarette qui vous arrive

Cela permet aussi de rompre avec le geste automatique de l'homme-robot et de poser son esprit : stop, est-ce que tu as vraiment besoin de faire cela ?

Il me restait néanmoins quelques cigarettes irréductibles et j'ai décidé de me faire aider pour aller jusqu'au bout de ma démarche. C'est là que Zofia Gaudon est intervenue mais j'y reviendrais un peu plus tard.

Mon plan d'action reposait en outre sur la date que j'avais choisie pour mon arrêt définitif du tabac : « le 25 septembre 2007 » et voilà ce que je me répétais tous les matins en me levant et tous les soirs en me couchant : « Moi, Jean-Philippe, le 25 septembre 2007, je suis un ex-fumeur, c'est vrai !!! »

Aussi dès que l'envie de succomber au tabagisme pointait le bout de son nez incandescent, je fermais les yeux et m'enveloppais d'une image de bien-être. Pour moi, c'était celle d'une île déserte mais cela peut être une image de forêt en automne ou toute autre image qui vous procure un sentiment de paix. L'envie a passé de plus en plus.

J'ai enfin posé cet objet de nicotine et de goudron devant moi et j'ai imaginé que son cylindre blanc était noir. Savez-vous que le blanc apaise le cerveau et qu'il permet même à ce dernier de relâcher ses défenses ?

J'ai ensuite pensé qu'il y avait dans cette cigarette noire de l'urine de chat. Imaginez la chose : qui voudrait poser ses lèvres sur une cigarette puant l'urine animale et de couleur noire ? Les jeunes de quinze ans iraient-ils l'acheter au bureau de tabac ? Faites cet effort d'imagination.

Déjà, votre inconscient associe un sentiment de dégoût à la cigarette et vous commencez naturellement votre sevrage.

Personnellement, il me suffisait aussi de penser que la cigarette était un objet contondant, celui-là même qui m'avait coupé la jambe.

Quatrième pas, j'ai coupé le lien

Le jour J est donc arrivé pour moi le 25 septembre 2007, jour où j'ai définitivement arrêté de fumer.

Comme je vous l'ai dit, Zofia m'y a beaucoup aidé. Il est très important de se faire accompagner quand on en ressent le besoin.

Il y a pour cela toutes sortes de méthodes (acupuncture, consultations de tabacologie, psychothérapie, etc.). Ecoutez votre instinct. Le mien m'a soufflé de choisir l'hypnose et il a eu raison.

J'ai aussi beaucoup lu, notamment le livre d'Allen Carr, La méthode simple pour en finir avec la cigarette, qui m'a bien aidé. Je me suis ainsi préparé mentalement et matériellement à couper le lien. Le jour de l'arrêt j'étais un ex-fumeur et en arrivant au pied du cabinet, j'ai jeté la dernière cigarette. Avant de partir pour ma séance d'hypnose, j'ai jeté chez moi tous les briquets et les cendriers.

DEFI

AIR PUR

4^{éme} PAS

AGIR

DENI

COUPER LE LIEN
- Le grand JOUR c'est MAINTENANT!!!
- Je me fais AIDER : hypnose,...
- Je jette les paquets de cigarettes, cendriers,...
- Je change mes vieilles habitudes par de nouvelles.
- Je previens mes proches que je suis EX FUMEUR.
- ......

J'ai seulement gardé quelques allumettes pour faire brûler des bougies. J'ai remplacé ma tasse de café par un mug pour le thé et un thermos qui me suit partout.

J'ai coupé le lien avec mes anciennes habitudes et m'en suis créé de nouvelles.

Pour couronner le tout, j'ai prévenu mes amis et mes collègues de bureau que je ne fumais plus. Je leur ai dit « demain matin, pour la pause, je vous accompagnerai mais ne me tendez pas de cigarette, je ne fume plus. »

Rompre avec ses anciennes habitudes et s'en créer de nouvelles est l'un des meilleurs conseils que je puisse vous donner pour arrêter de fumer.

Après ma séance d'hypnose au cabinet de Zofia, j'ai ressenti un bien-être indescriptible, et une absence totale d'envie de fumer.

Et si une circonstance ou un événement pouvait me redonner l'envie passagère de fumer, je faisais appel à l'image de l'île déserte, je respirais à pleins poumons pour accompagner cette envie vers le large et trouvais un moyen de substitution comme boire une tasse de thé ou passer un appel téléphonique.

Je vous encourage à faire de même, solliciter une image mentale de bien-être et vous détourner mentalement de cette envie pour éviter la tentation.

Cinquième pas : j'ai relevé le défi

Je suis un ex-fumeur. Je n'ai pas fumé une cigarette depuis 10 ans. J'ai pourtant failli échouer. Cela s'est passé environ trois semaines après mon arrêt du tabac. Pour une idée ridicule de politesse et de courtoisie, je n'avais pas interdit de fumer chez moi.

Une bêtise qui a failli me coûter mon abstinence ! Nous recevions des amis à la maison et l'un d'eux s'est mis à rouler une cigarette à la cuisine. L'odeur du tabac frais, je l'avoue, me tenta. Je me tournai alors vers lui et m'exclamai sur un ton enjoué « oh allez, vas-y, roule m'en une aussi ! » ; et savez-vous ce que m'a répondu cet ami merveilleux ? Il m'a répondu « non », tout simplement. Puis, il a ajouté « toi tu as réussi à arrêter, moi je n'y arriverai jamais mais toi tu vas y arriver ». Si l'envie, insidieuse, refait surface tout à coup, je me remémore ce moment.

L'image de son regard, franc et confiant en mes capacités, planté dans le mien, reste gravée en moi. Je peux encore entendre l'accent déterminé de sa voix.

- Celle qui sauve un ami de ses propres démons.
- Celle qui me porte vers la réussite de mon défi.

Depuis cette soirée, j'ai instauré une nouvelle règle à la maison : fumer dehors. Les invités s'y prêtent d'ailleurs bien volontiers. Leur enjoindre de sortir sur le balcon ou dans le jardin évite non seulement de se laisser tenter mais permet en plus de maintenir une bonne hygiène à son domicile.

Mettez en pratique ce conseil, même si cela va à l'encontre de vos principes. Vous ne succomberez pas à une éventuelle tentation ni ne vous laisserez enfumer.

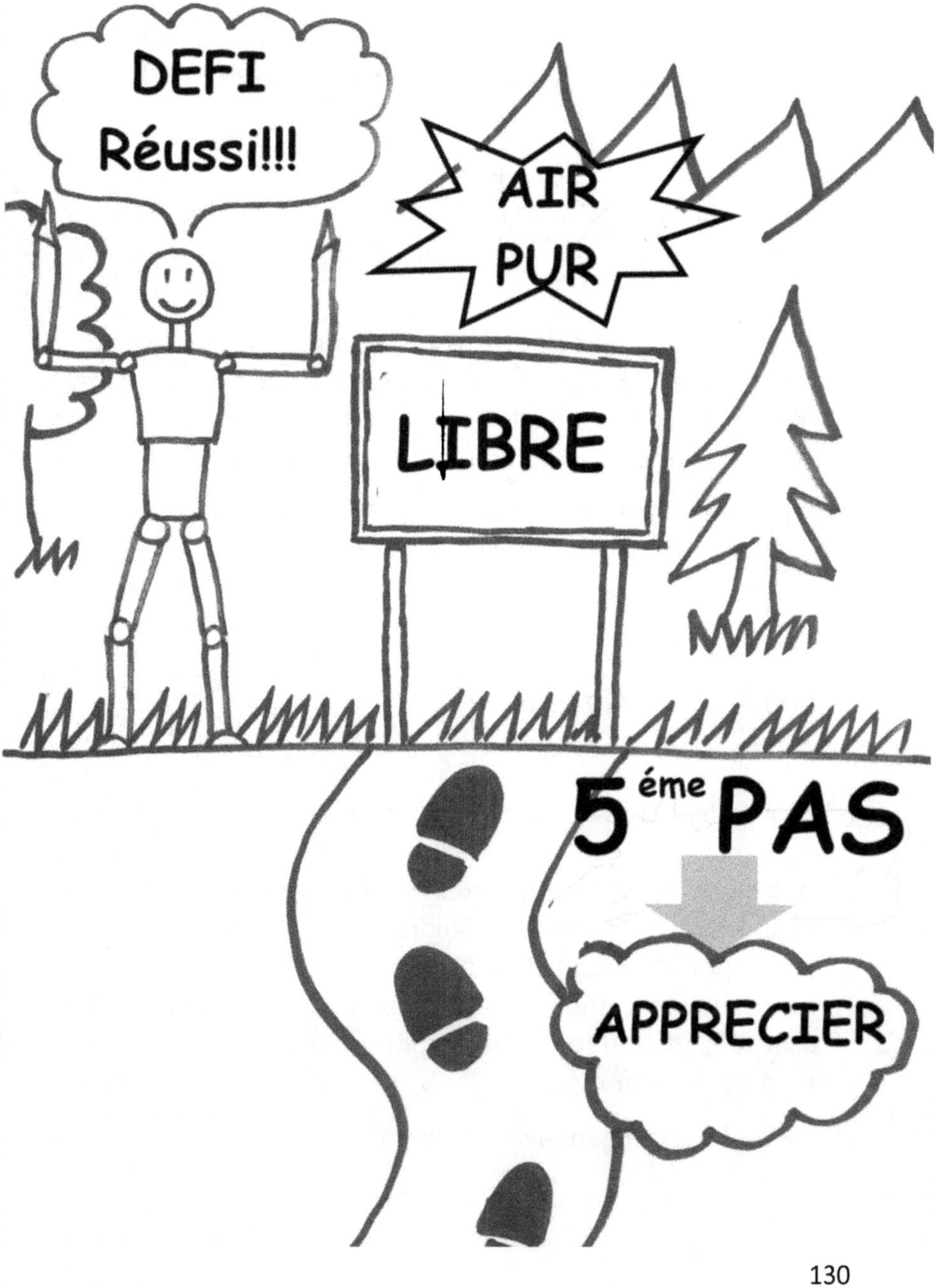
DEFI
Réussi!!!
AIR
PUR
LIBRE
5 éme PAS
APPRECIER

Vous vous abstiendrez d'imiter le geste du fumeur qui, dans votre champ de vision, vous incitait inconsciemment à le copier.

De plus, vous développerez davantage votre sens olfactif et découvrirez de nouvelles odeurs comme celles qui émanent de la cuisine ou de la forêt. Vous pourrez savourer de nouveau l'air pur et le bien qu'il vous fait en pénétrant vos narines et vos poumons.

Vous redécouvrirez votre corps si précieux, l'écosystème complet qui est en vous, votre système respiratoire complexe, et œuvrerez à sa préservation. Lorsque je fumais jadis, j'y injectais une quantité impressionnante de produits toxiques.

Lorsque je respire maintenant, j'y insuffle de l'amour et de la bienveillance. Au moment où j'ai décidé d'arrêter de fumer, sans même y penser, j'ai aussi décidé de commencer à m'aimer.

Comment éviter la récidive ?

Sortir de 30 ans de prison est une belle réussite en soi mais ne garantit pas contre d'éventuelles récidives, notamment quand nous avons des fumeurs dans notre entourage. Pour consolider l'arrêt du tabac, il faudra vous focaliser sur tous les avantages qui en découlent : votre liberté retrouvée, votre corps propre (une peau embellie, des mains impeccables, une haleine fraîche, etc.), une disposition d'esprit positive et confiante, une estime de soi renforcée...

Il faudra également avancer avec lucidité.

Souvenez-vous d'avoir été comme ces 420 000 jeunes de moins de 18 ans qui ont acheté leur premier paquet de cigarettes en France l'an dernier, insouciant et ignorant des conséquences à long terme de ce choix.

L'abstinence est une corde raide et vous, funambule en herbe, devez progresser lentement, prudemment, obstinément pour atteindre le focus « rester libre » et ne pas oublier que vous pouvez tomber dans le vide à tout moment. Vigilance, patience, persévérance. Un pas à la fois.

Gardez le contrôle de votre cerveau et gare aux automatismes qui accompagnent une situation ou un état émotionnel.

A l'instar de tous ces petits gestes qu'on fait sans le savoir dans la journée, vous avez été longuement habitué à celui de sortir votre paquet de votre poche, d'allumer une cigarette, etc. et votre cerveau doit maintenant s'affranchir de ce rythme hypnotique, souvent initié par le mouvement des gens qui fumaient autour de vous.

Non aux récidives, soyez ivre de vivre !

Pour rester ivre de vivre, sans d'autre besoin que celui de respirer de l'oxygène, je veille à maîtriser mes émotions qui déclenchaient auparavant l'acte de fumer : joie, tristesse, colère, peur, etc... Identifiez clairement vos émotions et de quelle manière elles apparaissent pour ne pas les inhaler avec les centaines de substances toxiques dont 98 mortelles de la cigarette.

Quand vous vous ennuyez, analysez la tristesse qui s'empare de vous et substituez à cette émotion négative le plaisir d'un loisir manuel, intellectuel, artistique.

Quand vous partagez un apéritif entre amis, appréciez pleinement votre joie et éloignez la cigarette conviviale par quelques olives à picorer. Vous aurez même le droit de mordiller le pique en bois qui va avec !

Soyez aussi très vigilant avec la peur et la colère qui sont des émotions à la puissance redoutable et apaisez-les avec la méthode de la respiration de relâchement. Videz tout l'air de votre ventre et inspirez profondément, recommencez ensuite :

- 1, inspiration-expiration,
- 2, inspiration-expiration,
- 3 inspiration-expiration,
- … faire jusqu'à vous sentir pleinement détendu.

Entraînez-vous tous les jours pour que cet exercice devienne automatique et facile. Pratiquez cet exercice aussi en pleine nature pour en apprécier tous les bienfaits. Joignez-y une prière ou un mantra que vous vous répéterez intérieurement, comme celui proposez par Zofia au chapitre 5 « désolé, pardon, merci, je t'aime ».

Tous les matins, tandis que je respirais profondément, à cette envie de cigarette, je répondais « non merci tu es dégoûtante, moi je reste pur et libre » et je peux vous assurer que cette méthode fonctionne pour toutes les addictions possibles. Je la pratique actuellement pour relever un nouveau défi : 40 jours sans boire d'alcool. Et elle est tout aussi efficace. Savourez enfin votre fierté d'avoir arrêté de fumer. Dites-la, gargarisez-vous-en tandis que les jours s'écoulent sur votre calendrier, récompensez-vous avec des petits cadeaux comme un voyage à chaque date anniversaire d'arrêt du tabac, et admirez-la dans les yeux de votre entourage qui est tellement fier de vous en retour. Il n'y a plus de fumée entre vous, seulement la vision nette et précise d'un air pur à partager.

Comme Zofia, comme moi, buvez le bonheur à sa source. Et goûtez à ce flacon de l'ivresse saine et naturelle dès maintenant.

Lâchez prise, soyez ivre de vivre !

Prends ton temps...

Respire ...

ET maintenant ferme tes yeux ...

Respire...

Ouvre tes yeux ...

Respire...

Pour voir ta VIE encore plus claire
...

Ferme tes yeux...

Respire...

Pense à TOI, à ta VIE !!!

CHAPITRE 8

CONFIANCE EN SOI

Je dédie ce chapitre à mes fils, Julien, Hippolyte, Jacques. Puisse votre vie être toujours couronnée de chance et de succès, puisse la confiance en vous toujours guider vos pas.

Qui ne s'est pas déjà entendu dire « non je ne peux pas, je n'ai pas confiance en moi » ? Qui ne s'est pas déjà confronté à une situation face à laquelle il ne se sentait pas à la hauteur ?

Toutes ces premières fois qui ont éveillé en nous ce sentiment de crainte, de peur de l'échec, d'impuissance et que l'on a plus ou moins bien surmontées.

Quelle est la différence entre celui qui plonge dans l'action, réussite à la clef, et celui qui se jette à l'eau avec pour seul effet de couler à pic ? La confiance en soi, sans nul doute.

Nous avons déjà abordé ensemble l'estime de soi, qui est la reconnaissance de ses valeurs, et nous traiterons ici de la confiance en soi qui est la reconnaissance de ses propres compétences. Avoir confiance en ses capacités et ses probabilités de réussite, c'est la base pour grimper au sommet de soi-même quand on se donne des objectifs à atteindre.

Chaque palier passé augmentera sa confiance personnelle. Je vous propose de visualiser l'image d'un alpiniste. Vous le voyez, là, au pied de la montagne à gravir, tout équipé et prêt à démarrer son ascension vertigineuse ? Son harnais, ses cordes, son baudrier, ses chaussures à crampons, son casque... tout ce matériel qui assure sa sécurité c'est le symbole de la confiance en soi.

Celle qui vous fait vous sentir en sécurité et vous permet d'avancer avec assurance dans la vie. Bien sûr, il y aura des obstacles à traverser, des chemins escarpés à emprunter, des crevasses à franchir, des parois plus glissantes que d'autres à escalader, mais si vous êtes bien outillé, vous ferez de chaque difficulté une opportunité d'expérience et de réussite. Je vous encourage dès maintenant à effectuer ce lâcher-prise qui vous permettra de retrouver la vraie prise, intérieure, celle qui vous insufflera toute sa force, et vous fera progresser avec assurance et sérénité sur le chemin de la vie.

Se connaître pour progresser

Pour avoir foi en soi et ses capacités, faut-il déjà bien se connaître.

Un tout-petit qui a pris conscience de son corps et de son environnement dans des conditions favorables va construire sa confiance en lui-même lentement mais sûrement. Il évoluera de station (couché, assis, marche à quatre pattes, debout), dans sa motricité globale puis fine, il explorera son environnement au fur et à mesure de ses expériences qu'il aura inlassablement répétées.

Tout se joue jusqu'à l'âge de 3 ans où l'enfant aura testé les capacités de son corps en mouvement jusqu'à un certain degré d'autonomie. Un jeune enfant dont la santé et l'environnement posent problème (parents qui ne jouent pas leur rôle d'éducateur, entraves à la liberté de mouvement, maladies, etc.) et qui ne se développera pas de façon optimale verra très probablement sa confiance en lui impactée et fragilisée.

Comment avoir confiance en moi si je ne peux pas avoir confiance en les autres ? En ces parents toxiques, en ce corps trop mou, en ces autres enfants qui se moquent de moi ?

Comment me sentir capable si je ne parviens pas à me sentir stable sur mes pieds ? Je ne me connais pas, je ne sais pas ce dont je suis capable. Inversement, l'individu à la petite enfance épanouie, qui a expérimenté son corps en tombant et en se relevant, dont on a pris soin et que l'on a laissé repartir vers d'autres aventures, sait de quoi il est capable.

Pourquoi ne pas tenter l'escalade avec mes jambes et mes bras musclés, avec ces chaussures si robustes, avec cette corde solide ? Qu'est-ce qui m'en empêche ? J'ai confiance en les autres aussi, en cette personne compétente qui a fabriqué ce matériel homologué. Je vais donc faire l'expérience, je me lance à l'assaut de cette montagne.

Je vais la comprendre, ses reliefs, ses fissures, ses forces et ses faiblesses comme je connais et je comprends les miennes. Je connais mes points forts (ma souplesse, ma persévérance, ma résistance) et mes points faibles (mon manque de concentration, mon impatience, mon entêtement) et je décide de m'appuyer sur mes atouts pour compenser mes éventuelles failles.

Décider d'agir, oser agir

Je vous invite à écrire sur une feuille de papier la liste de vos réussites et de vos échecs passés. Peu importe leur degré d'importance.

Notez comme ils vous viennent à l'esprit. « J'ai appris à parler, marcher, nager, faire du vélo.. » et « J'ai eu mon diplôme de fin d'études » et « J'ai obtenu mon permis de conduire. » et encore « J'ai fondé une famille. »

Relisez tous vos succès et sachez une chose : tout ce que vous avez réussi, c'est vous et vous seul qui l'avez réussi et surtout vous l'aviez décidé. Fermement. Pleinement. Vous en aviez fait une priorité et vous avez concentré tous vos efforts dans la réussite de cette entreprise. Cela n'a peut-être pas été facile, il vous a peut-être fallu vous y reprendre à plusieurs fois avant le résultat escompté, mais vous avez agi en ce sens et transformé votre envie, votre choix, votre échec – éventuellement – en succès. Félicitez-vous.

A présent, prenez connaissance de vos échecs. Ceux qui n'ont pas encore été transformés en victoires. « Je n'ai pas obtenu ce poste. » ou « Je n'ai pas vendu ma maison. »

La question à se poser est la suivante : le vouliez-vous vraiment ? Aviez-vous réellement décidé d'agir en ce sens ? Ne souhaitiez-vous pas cette promotion pour plaire seulement à votre entourage ? Etiez-vous prêt à vous séparer de ce bien ? Sondez en toute conscience votre état d'esprit face à ces actions avortées. Tâchez d'en trouver l'origine.

Je me souviens de cette patiente venue me voir à mon cabinet un jour et qui m'avait annoncé avec résignation. « Je n'ai pas eu mon concours d'infirmière. » Je lui rétorquai alors « Est-ce que vous y avez cru ? ». Sa réponse fut sans appel. « Pas du tout. » Elle-même était comme étonnée de comprendre cela soudain. Non, elle n'y avait jamais cru. Elle s'était lancée sans vraiment l'avoir décidé de tout son être, sans avoir foi en elle et en ses capacités.

Et cette autre patiente, venue me voir pour, disait-elle, une phobie de la conduite. Avait-elle choisi de passer son permis pour faire cesser la pression de son entourage à ce sujet ou avait-elle intimement décidé de prendre les commandes de sa vie en main ?

Dans le premier cas, c'était l'échec assuré. Dans le second cas, sa prise de conscience conjuguée à son pouvoir de décision et d'action feraient toute la différence.

Transformer ses peurs en expériences

Posez-vous cette question : quand avez-vous dépassé vos peurs pour la dernière fois ? Ce peut être une petite frayeur comme de remonter à bicyclette après une chute ou même une phobie que vous avez vaincue.

Apprendre à nager malgré sa peur de l'eau peu importe son âge, faire de l'accrobranche avec ses enfants malgré son vertige, reprendre le volant après un accident... il y a tant d'opportunités de transformer ses craintes, petites ou grandes, en expériences de dépassement de soi.

Ne craignez pas d'avancer dans la vie, craignez juste de vous arrêter en chemin au lieu de faire l'expérience qui s'offrait à vous pour vous faire évoluer davantage.

Chaque petite action que vous vous efforcerez à accomplir agrandira votre zone de confort, de bien-être et par là-même votre capital « confiance en vous ».

Souvenez-vous il y a 10 ans, vous n'auriez jamais entrepris ce voyage en Asie dont vous rêviez tant. Sortir des frontières métropolitaines pour vous aventurer en terre inconnue était déjà pour vous un exploit. Petit à petit, vous avez poussé le vol un peu plus loin, en Suisse, en Allemagne, en Turquie, en Inde...

Maintenant, on ne vous arrête plus. Vous vous dites sans doute que vous avez été sot de penser que vous seriez en danger dans un pays dont vous ne parliez pas la langue, dans une culture si différente de la vôtre alors que c'est justement cette découverte-là, cet enrichissement qui vous enthousiasmaient tant.

La peur s'est estompée au fil de vos pérégrinations. Les bons souvenirs se sont accumulés, même cet avion manqué de justesse vous fait sourire à présent quand vous racontez l'anecdote à vos amis. La peur de ne pas y arriver a été remplacée par la fierté d'y être parvenu.

Le regard des autres que vous redoutiez tant vous apparaît plus lumineux voir même avec une étincelle d'admiration. Voilà que vous inspirez à votre tour cet élan de courage et d'audace qui vous a permis de dépasser votre peur.

Faire ou ne pas faire, être ou ne pas être, on a toujours le choix. Et vous, que choisissez-vous ? L'inertie ou l'expérience ?

Apaiser le corps mental et physique

Je me rappelle cette phrase que mes parents me répétaient lorsque j'étais plus jeune « vas-y, fais-toi confiance ». Je les regardais, interdite « mais faire avec quoi, comment ? ».

Avec mes mains, avec ma tête ? Quel outil dois-je prendre pour mener à bien ma construction de la confiance en soi ?

Cet outil qui permet de décupler nos forces le plus naturellement du monde est tout simplement la paix. En ressentant cette quiétude au plus profond de mon être, j'agis avec plus d'efficacité. Respirez et ressentez ce calme qui vous envahit progressivement.

Chassez tous vos soucis avec votre expiration, remplissez-vous de bonheur avec votre inspiration. La force qui nous permet d'avancer dans la vie, tel un moteur infatigable, c'est le calme. Celui-là même qui nous donne un mental d'acier, celui-là même qui nous procure une santé physique idéale.

On l'a vu dans le chapitre « Lâcher prise et maigrir », se sentir apaisé remplit la tête qui remplit à son tour l'estomac de sa tranquille satiété. De haut en bas, l'énergie paisible circule et chaque jour, par un travail quotidien, vous vous efforcerez de maintenir son flux, de filtrer les informations qui engendrent des émotions turbulentes, pour abreuver votre corps mental et physique à la seule source de votre paix intérieure. Plus vous gagnerez en compétence, en performance, plus vous aurez confiance en vous. Et vice versa.

Tel un athlète qui s'entraîne tous les jours pour muscler son corps, vous prendrez soin de vous, par l'apaisement intérieur, le sommeil de qualité, la nourriture saine, tout ce qui vous fait du bien d'abord. Vous seul pouvez savoir ce qui vous manque pour parvenir à cet état de plénitude intense.

A vous ensuite de rééquilibrer l'équation, d'enlever un peu ici, d'ajouter un peu là, pour que votre harmonie soit parfaite.

S'auto-conditionner

Dans le travail thérapeutique, ce que nous nommons l'autosuggestion ou l'auto-conditionnement permet de remplacer la pièce manquante au puzzle de la confiance en soi. Il s'agira dès lors de s'auto-valoriser en toute conscience. Si les autres ne nous encouragent pas alors agissons et encourageons-nous. Postons-nous devant le miroir. Regardons-nous dans la glace et changeons ces pensées négatives en pensées positives.

Scientifiquement, le processus est le suivant. Les neuropeptides et les neuro-messagers, stimulés grâce à l'auto-valorisation entre autres, vont diffuser une information de bien-être dans la tête puis dans le corps, soulager les compressions organiques et procurer un état d'apaisement dont vous ressentirez les effets sans tarder. Voici une liste de phrases – je les appelle aussi les mensonges constructifs – que vous pouvez vous répéter pour vous en imprégner et trouver, vous aussi, vos propres forces intérieures.

- Tout va bien pour moi.
- Je me détends.
- Je suis bien, calme, reposé.
- Je suis quelqu'un de bien.
- Je respire de mieux en mieux.
- Je prends soin de mon corps.
- J'aime la vie.
- L'autre est comme il est.
- J'ai confiance en moi.

Attention, c'est ensuite une question de dosage. Un mental ni trop faible ni trop arrogant est nécessaire pour développer une confiance en soi de façon stable et en toute sécurité.

Il convient donc d'être conscient de ses limites. De ne pas les ignorer. Si le manque de confiance en soi peut faire stagner un individu, l'excès de confiance en soi peut exposer au péril. Prendre le volant en état d'ébriété quand le corps dit non mais que la tête dit oui, pousser le sport à outrance malgré les signaux d'alerte physiques, friser le burn-out pour montrer à tous que l'on est le meilleur dans son domaine... autant d'exemples de comportements arrogants qui nuisent gravement à la santé et font encourir, dans le pire des cas, un risque mortel. Point d'abus de confiance donc mais un juste rééquilibrage pour accéder au bien-être.

L'enthousiasme est la clef

Certaines pédagogies alternatives utilisent ce moteur incroyablement puissant qu'est l'enthousiasme.

Des éducateurs tels que le docteur Maria Montessori avaient compris qu'en s'appuyant sur l'envie et la motivation de l'enfant, associés à une discipline douce et régulière, les apprentissages se feraient tout naturellement. Un enfant à qui l'on impose une leçon de géographie qu'il n'a pas décidé d'apprendre n'aura pas le même degré d'investissement et de concentration qu'un autre enfant qui est allé de son propre chef vers le planisphère pour connaître les capitales, les pays, les noms de fleuves, de montagnes, tout ce qu'il aura lui-même l'envie forte et irrépressible de connaître.

L'enthousiasme porte l'individu à progresser dans les domaines qui l'intéressent et ouvre d'un seul déclic la porte de la confiance en soi. J'ai envie d'apprendre, j'apprends, j'augmente mes compétences, je me sens plus performant, j'ai confiance en moi, je poursuis mon apprentissage avec joie et détermination, j'obtiens une reconnaissance pour le travail accompli, je me prouve donc à moi-même que j'avais raison d'avoir confiance en moi, etc.

Croire en soi et en la vie

Je vais vous raconter l'histoire d'une grenouille. Les fables, comme celles de Jean de La Fontaine, inspirées de la nature ne nous rapprochent-elles pas au fond de notre vraie nature ?

C'est l'histoire d'une grenouille qui, par une belle journée, sautillait gaiement et qui à force de rebondir, atterrit tout à coup dans un gros bidon qui avait été abandonné par là. Incapable de sauter assez haut pour s'évader du contenant, elle venait de tomber malencontreusement dans un piège fatal. Ses camarades de jeux, les autres grenouilles, assistèrent à son emprisonnement fortuit et se lamentèrent « la pauvre, la triste victime, comment va-t-elle faire pour sortir de ce guet-apens ? ». Si le groupe d'amphibiens s'agitait en tous sens, pris de panique, sans trouver de réelle solution, la grenouille, quant à elle, restait calme et immobile. Mais comment faisait-elle pour demeurer aussi stoïque ? Puis, un jour, le temps tourna, le vent se mit à souffler et la pluie tomba, drue, tomba et tomba encore, sans s'arrêter. Petit à petit, les gouttes de pluie s'accumulèrent dans le bidon. L'eau monta et la grenouille, qui était restée calme, put profiter de ses dernières forces pour bondir hors du piège. Elle coassa de bonheur « coi coi » enfin libre et prête à sauter encore, toujours plus loin et plus haut.

Moralité : la confiance en soi et la paix intérieure l'avaient sauvée. Si vous aussi, d'aventure, vous l'entendez coasser, croyez-en vous plus fort que jamais.

Le meilleur est devant vous. Je vous propose ce choix, la vie en rose ou en marron foncé, l'action ou la renonciation. Je sais que vous ferez le bon choix.

Petit rappel des étapes vers le long chemin de la confiance en soi :

1) Je prends connaissance de mon être intérieur (mes atouts, mes failles...)
2) Je liste mes peurs, mes échecs, mes réussites, mes souhaits, mes projets
3) Je me fixe un objectif à atteindre visant mon bien-être (sport, travail...)
4) Je décide d'agir et j'ose agir avec enthousiasme
5) Je transforme mes peurs et mes actions en expérience
6) Je m'apaise et m'auto-valorise
7) Je crois en la vie et en moi

Vous le voyez l'alpiniste tout là-haut au sommet de la montagne ? Les pieds solidement ancrés dans le sol, il observe avec fierté le chemin parcouru et les stigmates sur ses mains après cette longue ascension.

Il a fait corps avec la roche à gravir, il a utilisé son enthousiasme (la passion de l'escalade) pour réaliser une performance exceptionnelle.

Son corps, régulièrement entraîné, soumis à une discipline qu'il a fermement choisie, a donné le meilleur de lui-même. Au prix d'efforts soutenus, il a accompli son objectif : il est à la cime. Sur le toit du monde ?

Le corps et la tête en paix, il contemple la nature qui étend ses splendeurs tout autour de lui et il se dit que oui, c'était encore plus beau que tout ce qu'il avait pu imaginer. Ayez confiance en vous.

Et vous serez un jour, vous aussi, à votre sommet.

Je me détache, je me relache,
Je lâche PRISE

Prends ton temps...

Respire ...

ET maintenant ferme tes yeux ...

Respire...

Ouvre tes yeux ...

Respire...

Pour voir ta VIE encore plus claire
...

Ferme tes yeux...

Respire...

Pense à TOI, à ta VIE !!!

CHAPITRE 9

AMOUR DE SOI

Le Bonheur est à ceux qui se suffisent à eux-mêmes

Pour goûter à l'ivresse de la vie, je vous propose de choisir l'amour plutôt que la haine, l'amour envers les autres mais avant tout avec soi-même.

On dit souvent que pour être bien avec quelqu'un il faut déjà être bien avec soi-même. Afin de se sentir bien dans sa tête et dans son corps, il faut donc savoir s'aimer suffisamment dans notre intégralité (corps et esprit) pour prendre les risques nécessaires au développement de soi.

Ensemble, découvrons comment être « amour » et comment croquer, sans péché, dans la pomme de la vie.

La pomme : symbole d'amour et de connaissance

Souvenez-vous de l'histoire d'Adam et Eve dans le jardin d'Eden. Dieu avait interdit au premier homme et à sa compagne de goûter le fruit de l'Arbre de la connaissance du bien et du mal sous peine de mort. Tentée par le Serpent, Eve croque dans le fruit défendu et en propose à Adam. Les deux jeunes gens ont alors accès à la connaissance, bien qu'il leur en coûte leur paradis perdu. Depuis de nombreux siècles, la pomme est par conséquent le symbole de l'amour (le cadeau d'Eve à Adam étant motivé par le désir de partage) et de la connaissance (conscience du bien et du mal, richesse du savoir, croissance éternelle...).

Je suis AMOUR
Pomme PURE
Pomme BRUTE

Le mythe de la pomme se poursuit à travers les siècles. De fait, n'est-elle pas également le symbole de la marque Apple, cette entreprise multinationale dont la marque de fabrique est la constante innovation ?

The Big Apple est par ailleurs l'un des surnoms de la ville de New York, célèbre pour son activité trépidante de jour comme de nuit, ses quartiers d'affaire fructueux et son foisonnement culturel, ville qui inspire nombre d'artistes et où l'on se rue pour croquer la vie à pleine dents.

Pomme d'amour que l'on savoure dans les fêtes foraines, perdre connaissance en tombant dans les pommes, les locutions et expressions ne manquent pas autour de sa symbolique.

Mais attention à ne pas mordre dans la pomme de discorde qui pourrait étioler l'amour que vous vous portez.

Cultiver l'amour dans son jardin

L'affection que l'on se porte est liée à la façon dont on a été aimé, dont on aime et dont on vit avec les autres.

Des relations conflictuelles avec un proche, une tendance au comportement belliqueux pourraient trouver leur origine dans la défaillance d'un amour de soi.

Vous ne comprenez pas pourquoi ce collègue se montre si peu amène avec vous ? Pourquoi il peut se montrer si cassant alors qu'il ferait mieux de remonter sa cote de popularité. N'avez-vous jamais pensé au fait qu'il ne s'aimait peut-être pas déjà lui-même ? Et cet enfant qui se montre si turbulent et à qui l'on reproche volontiers d'être méchant ? Ne se conforme-t-il pas à l'image qu'on lui colle par manque d'amour personnel ? Inversement, un enfant choyé qui grandit à travers le regard bienveillant de ses parents s'aimera davantage parce qu'il sera pleinement imprégné de la valorisation de ses parents.

Rempli d'amour de soi, il sera à son tour un vecteur d'amour pour autrui, mettant en lumière ce qu'il y a de mieux en tout un chacun.

L'amour de soi se cultive et si vous me permettez ce clin d'œil biblique, j'oserai dire : aime-toi et le ciel t'aimera. En effet, l'amour est contagieux.

Les racines de l'amour de soi

C'est donc dans notre arbre de vie, notre arbre généalogique, que l'on puise notre sève d'amour. Nos parents, nos ancêtres nous ont transmis des valeurs, des croyances dès notre venue au monde.

Si l'on ne peut trouver deux pommes qui se ressemblent parfaitement, il est intéressant de constater que le fruit porte en lui la mémoire de tout l'arbre et que ses graines, plantées avec amour et soin, engendrent à nouveau le pommier fertile. Le cycle de la vie se perpétue ainsi grâce à la puissance de l'amour.

De même, si l'on se sent « paumé » depuis la plus tendre enfance, c'est probablement parce que la branche sur laquelle notre amour de soi a poussé n'était pas saine.

Des croyances erronées dont il faut s'affranchir, un lourd héritage familial, un terreau d'estime de soi pauvre qu'il faudra nourrir par d'autres moyens (thérapie, travail sur soi, etc.), des efforts d'entretien régulier sont indispensables pour consolider les racines de son amour-propre.

Aime ton prochain comme _toi-même_

Depuis mon enfance, j'entends ce verset de la Bible qui dit « tu aimeras ton prochain comme toi-même » mais on a fini par oublier le « moi-même ».

On a aimé nos parents, nos frères, nos sœurs, nos amis, nos collègues, etc. et on s'est perdu soi-même de vue.

Pourtant, nous ne sommes pas que le reflet dans le miroir. Nous sommes dotés d'un corps mais aussi d'un esprit, d'une âme, d'un faisceau de talents que nous occultons bien trop souvent.

Il m'arrive d'ailleurs régulièrement de rencontrer dans mon cabinet des hommes et des femmes qui traînent un mal de vivre depuis des années. Leurs explications à ce sujet se ressemblent étrangement : « toute ma vie, j'ai été mal aimé par mes parents, j'ai été malmené par mes ex-compagnons, etc. »

Lorsque je leur demande « mais vous, est-ce que vous vous aimez ? », mes patients me répondent inlassablement « non, je me déteste, je suis grosse, pas belle, etc. » et si j'interroge les femmes en surpoids sur la partie préférée de leur corps, leur réponse est toujours identique « les yeux ». Mais pas le reste. Avez-vous déjà vu des yeux qui se promènent tout seuls dans la rue ? Non, leur dis-je, c'est mon corps qui porte mes yeux. Je m'accepte en totalité.

Et j'apprends à aimer même ce que je considère comme mes défauts.

Considérez-vous comme vous considérez les autres ou comme vous aimerez être considéré. Prenez soin de vous pour prendre ensuite soin des autres.

S'auto-valoriser ou « s'envoyer des fleurs »

Plutôt que chercher désespérément l'amour dans le regard de l'autre, de lui demander presque comme un chantage « aime-moi parce que je t'aime », on commencera par chercher la seule source véritable de notre amour-propre, celle qui coule dans notre for intérieur.

On s'auto-valorisera, on changera ses dialogues intimes. On cessera les reproches stériles « je suis bête, je suis grosse » et on les remplacera par les compliments les plus pertinents « je suis intelligente, je suis quelqu'un de bien ». Pour s'aimer, on ne se culpabilise surtout pas.

Si vous souffrez par exemple d'une dépendance à la nourriture, vous pouvez adoucir votre pensée « je suis faible, je mange beaucoup trop » en celle-ci « il m'arrive parfois de manger un peu trop ».

Il n'est pas question de se voiler la face, bien au contraire, il est capital de se responsabiliser, mais on peut commencer son changement intérieur par l'indulgence que l'on prodigue généralement aux êtres que l'on aime.

Bas les masques !

Prenez une feuille de papier et dessinez un masque dessus. Ceci est le masque que vous portez toute la journée, le visage que vous arborez.

Ecrivez sur le dessin de ce masque les deux qualités avec lesquelles vous voulez attirer l'amour : « je suis souriante, je suis sympathique,.. », ceci est donc dans le paraître. Au dos de la feuille, dessinez un autre masque et notez à côté ce que vous cachez derrière : « vos tristesses, vos phobies, vos défauts », celui-là est votre ombre tandis que le précédent représente la lumière.

Maintenant, à bas les masques ! On va travailler les défauts, faire disparaître l'ombre au profit de la lumière.

Pelez la pomme pour séparer le paraître, la robe, de l'être. Après quoi, coupez la pomme d'amour en deux et découvrez tous les secrets qu'elle cache.

A l'intérieur, vous trouvez une étoile à cinq branches : la réussite, le succès, les dons, les talents, l'amour. Laissez-la briller en vous et irradier de joie sur votre visage dévoilé.

Croquez la pomme d'amour à pleines dents

Fort d'un amour que vous ne pourrez jamais perdre car intérieur, indissociable de votre personne, vous vous remplirez d'une énergie cosmique salvatrice.

Vos relations amoureuses seront plus saines, vous n'attendrez rien de l'autre si ce n'est de l'accepter comme il est et qu'il vous prenne comme vous êtes ; vous donnerez et vous recevrez en échange l'amour que vous méritez, ce sera un rapport donnant/donnant et gagnant/gagnant. Vous partagerez un amour équilibré et plein de promesses.

Votre santé physique s'en portera aussi d'autant mieux car enfin allégée des pépins qui entravaient votre bon fonctionnement psychique.

Combien de maux physiques ont pu guérir grâce à la restauration de l'amour de soi ? Combien de corps en surpoids se sont allégés ? Combien d'addictions se sont envolées ?

Croquez la pomme et absorbez ses bons nutriments. Vous êtes digne d'être aimé, vous méritez d'être aimé, vous êtes l'amour même.

Tout l'amour que vous donnez, vous le recevrez au centuple. Ensemble on se ressemble et on va plus loin.

Prends ton temps...

Respire ...

ET maintenant ferme tes yeux ...

Respire...

Ouvre tes yeux ...

Respire...

Pour voir ta VIE encore plus claire
...

Ferme tes yeux...

Respire...

Pense à TOI, à ta VIE !!!

CHAPITRE 10

TROUVER LA PAIX

L'ennui Nuit

Jour et Nuit

Dans notre quête de bien-être, je vous présente plus en détail cette clef dont je vous ai déjà parlé, une clef qui ouvre bien des portes secrètes et qu'il faut absolument posséder dans sa boîte à outils du bonheur : la paix.

La paix s'il vous plaît !

Je vais faire émerger en vous une image que vous avez tous probablement dû connaître ou que vous vivez encore au quotidien.

Vous rentrez du travail, fatigué, harassé, épuisé, la journée a été longue et vous avez dû encore supporter les embouteillages sur l'autoroute à votre retour. Votre tête résonne encore de tout ce bruit. La voix autoritaire et exigeante de votre patron, les plaintes des clients trop pressés, les klaxons et les invectives des conducteurs tout aussi excédés que vous, la sonnerie de votre téléphone, la radio et ses chansons qui tournent en boucle, trop de bruit ! Vous passez la porte de votre maison avec une seule envie : du silence, du repos, de la quiétude.

Mais la vie quotidienne continue aussi au foyer familial. Votre ado écoute de la musique à fond dans sa chambre, votre cadet vous raconte en détails toute sa journée à l'école puis votre benjamin arrive sur ces entrefaites avec son déguisement de chevalier, l'épée au poing, vous sommant de vous battre. Encore.

Vous sentez la frustration et la colère vous gagner. Vous criez à votre geek d'éteindre son ordinateur, à votre bavard de se mettre plutôt à ses devoirs s'il veut enfin avoir une bonne note et vous envoyez jouer votre petit soldat, seul, dépité, dans sa chambre. Le temps passe, votre conjoint est en retard et vous devez tout gérer dans l'urgence : signer les contrôles, faire réciter la poésie, faire couler le bain... Il est 20 heures et vous n'avez toujours pas mangé. La pression monte. Demain, il y a école, boulot, etc. Trop, c'est trop, la soupape siffle, vous explosez ! Vous hurlez « Foutez-moi la paix ! ».

Mais vos enfants ne savent pas faire la paix, ils sont pleins de joie et de vie, ils veulent remplir leur réservoir affectif de votre présence, se détendre aussi à leur manière. Vos besoins diffèrent.

Toutefois, posez-vous cette question. Qu'est-ce qui vous a empêché d'avoir cette paix tout au long de votre journée ? Cette fatigue qui vous tombe dessus ce soir ne date pourtant pas d'hier.

C'est tout ce que vous avez pu accumuler hier, avant-hier, ces dernières semaines, ces derniers mois, tout ce que vous n'avez pu vider avant et que vous ramenez à la maison ce soir qui vient parasiter votre perception d'une réalité qui n'est peut-être pas aussi noire que vous la voyez.

Cessez de vous torturer : lâchez, osez...

Pourquoi je ne suis pas en paix ? On ne trouvera pas la réponse en un claquement de doigts.

Je commence la journée avec toutes mes histoires passées qui s'entremêlent dans un écheveau inextricable. C'est comme remplir une tasse de thé qui est déjà pleine ou rajouter des vêtements neufs dans un tiroir qu'on a jamais vidé et qui est déjà plein à craquer. Imaginez-vous emmener chaque jour au boulot toute cette garde-robe qui déborde, cette vaisselle sale, ce placard dans l'entrée qu'on n'ose plus ouvrir de peur de se prendre tout son contenu sur la figure.

Tous vos sentiments négatifs, vos craintes, vos colères, vos frustrations, vos angoisses pèsent à vos chevilles comme des poids morts et vous empêchent d'avancer sereinement.

Je me souviens de cette phrase que mon père répétait souvent « la vie c'est un chemin de croix ». Pour lui peut-être mais pas pour moi. Car j'ai choisi d'enlever pierre après pierre ces obstacles qui barraient mon chemin.

J'ai osé changer. Changer ce regard que je pose sur moi-même. Changer ces œillères qui occultaient mon champ de vision. J'ai posé mon sac à dos rempli de souffrances, et j'ai marché allégé et soulagé le mental apaisé. Car, la paix n'est ni une émotion, ni un sentiment, la paix c'est une sensation que l'on retrouve en soi, étape après étape.

La paix est un apprentissage que l'on remet chaque jour à l'ouvrage. Elle s'acquiert par la pratique régulière, de la même manière que l'on apprend à faire du vélo ou à jouer du piano. J'ai tout d'abord pris conscience que je n'étais pas en paix. Que la colère contre tout et n'importe quoi, contre la société, contre le monde entier, me minait et qu'il était temps de l'évacuer.

Peut-on changer le monde entier ? Non, bien sûr. Aussi, j'ai décidé de commencer par changer moi-même. De procéder à ma propre vidange.

Je me fais la paix

Je ne peux pas rester assis en lotus toute la journée à attendre que la paix tombe sur moi miraculeusement.

Je me fixe sur mon objectif. Ma ligne de mire sera une image mentale rassurante, une brise soufflant dans les feuilles d'un arbre, le doux gargouillis d'un ruisseau, le pépiement des oiseaux à l'aube du printemps.

Le chemin de croix ne m'intéresse pas. Je pivote mes talons sur le chemin du bien-être et de la légèreté. Je tourne la page de la souffrance, des projections de mes peurs, je change à l'intérieur de moi mes émotions pour ne garder que celles de la sérénité et du plaisir.

Concrètement, comment cela se passe ? Faisons un retour en arrière. Vous rentriez tout à l'heure, épuisé, dans un environnement agité qui provoquait en vous colère et frustration.

Vous ne pouvez difficilement changer cette réalité. Vos enfants sont bien là, pleins de vie, la maison est plus animée que vous ne l'auriez souhaité. Vous renoncez à votre projection et accueillez l'ambiance qui s'offre à vous.

Calmement, vous demandez à votre ado de réduire le son, ce qu'il peut faire sans même maugréer s'il ne se sent pas agressé. Votre enfant si bavard et si peu prompt à faire ses devoirs a manifestement besoin de vous. Vous vous asseyez à la cuisine avec lui, vous l'écoutez avec attention et vous l'invitez à venir vous rejoindre à la table de la cuisine avec ses devoirs. Préparer une soupe tout en faisant réciter une poésie n'est pas insurmontable quand on coopère dans le calme et l'efficacité. Votre petit dernier sort de son bain. Si vous n'avez pu lui accorder les minutes de jeu qu'il vous réclamait tout à l'heure, vous lui expliquez que, lors du coucher, vous lui raconterez une rocambolesque histoire de chevaliers, avec des dragons et des chevaux.

Vous vous sentez paisible, vous gérez vos priorités avec efficacité. Cerise sur le gâteau : vous décuplez votre confiance en vous. Enfin, lorsque votre conjoint arrive en s'excusant de son retard, vous comprenez que lui aussi a besoin de calme et qu'il ne sert à rien de lui reprocher ce contretemps. Vous agissez avec empathie et lui exprimez votre regret sans pour autant l'accuser. Vous savez ce que c'est que de rentrer du travail et de n'aspirer qu'à la paix. De plus, il n'a pas encore accédé à votre niveau de repos mental.

Sans aucun doute vous sera-t-il encore plus reconnaissant d'avoir si bien tout géré en son absence.

Grâce à votre paix intérieure, vous venez probablement d'éviter une scène conjugale qui n'aurait eu d'autre origine que le stress. Renforcement des liens conjugaux.

Amour. Paix. Vous la voyez la bonne soirée en amoureux qui se profile à l'horizon sitôt les enfants couchés ?

Respirez un grand coup et appréciez votre maîtrise de l'apaisement intérieur.

Je leur fais la paix

Petite, j'entendais mon père s'écrier « fous-moi la paix » quand je venais lui parler. Lorsque je demandais à ma grande sœur si elle voulait bien m'emmener dehors avec elle, elle me rétorquait sur un ton sec « fous-moi la paix ».

Plus tard, je l'ai moi aussi dit à mes enfants quand je me sentais fatiguée.

Aujourd'hui, je sais que je me fais d'abord la paix, en mon for intérieur, avec la connaissance que j'ai, pour ensuite faire la paix avec les autres. J'entends par là apaiser mes réactions et mes relations. Je suis paisible et positive, je prends les choses avec bonne humeur. A mon petit garçon qui vient de souffler sur ma bougie d'ambiance zen, tout juste allumée, je ne fais pas de scène. Je respire, je cherche à comprendre pourquoi il veut éteindre la bougie. Mais parce que c'est mon anniversaire, me répond-il du haut de ses 4 ans. Je souris, je me connecte à lui et l'on souffle ensemble en riant aux éclats. Je lâche prise. Qu'est-ce que ça me coûte au fond d'en rallumer une autre un peu plus tard ? Une allumette, c'est tout.

Je me Fous la Paix

Changer ses émotions
Changer ses relations

Pour changer ma VIE
Je change mes Esprits

RECAPITULATIF POUR SE FAIRE LA PAIX

1- Je prends connaissance de mon état, de mes sentiments, de mes émotions.
2- Je prends du recul sur la situation qui s'offre à moi. Je tâche de la voir dans sa réalité objective.
3- Je respire, je démine la pression/tension/oppression, j'utilise la respiration consciente, je me tranquillise avec ma respiration.
4- Je cherche la paix à l'intérieur de moi et non pas à l'extérieur de moi, je change mon état d'esprit.
5- Je fais confiance à la vie, je vide mes émotions négatives, je les remplace par ce qui est positif et bon pour moi, je fais confiance à ma vraie nature, je retrouve la joie normale et naturelle.

Faites l'expérience, vous verrez, vous ne serez pas déçu. Entraînez-vous régulièrement, vous progresserez plus vite que vous ne le pensez.

Faites confiance à votre vraie nature, celle du petit enfant qui a grandi en vous et dont le regard neuf savait apprécier la réalité dans ce qu'elle a de plus simple et de plus beau.

Pourquoi le soleil brille ? Parce qu'il fait ce qu'il sait faire, il est la lumière, donc il brille.

A l'intérieur de vous aussi, vous avez le plexus solaire, et en son cœur, un lotus. Je vous invite enfin à trouver la colombe à l'intérieur de vous et à l'envoyer au monde entier.

Vous êtes la paix, vous donnez la paix, vous recevez la paix.

Quoiqu'il advienne, ne l'oubliez pas, restez en paix.

Prends ton temps...

Respire ...

ET maintenant ferme tes yeux ...

Respire...

Ouvre tes yeux ...

Respire...

Pour voir ta VIE encore plus claire

...

Ferme tes yeux...

Respire...

Pense à TOI, à ta VIE !!!

www.ingramcontent.com/pod-product-compliance
Lightning Source LLC
LaVergne TN
LVHW021449080426
835509LV00018B/2224